Töpfern lernen - Das Praxisbuch für Einsteiger und Fortgeschrittene

Die schönsten Töpferprojekte Schritt für Schritt erfolgreich fertigstellen

Tobias Steinberg

WirmachenDruck.de
Sie sparen, wir drucken!

Alle Ratschläge in diesem Buch wurden vom Autor und vom Verlag sorgfältig erwogen und geprüft. Eine Garantie kann dennoch nicht übernommen werden. Eine Haftung des Autors beziehungsweise des Verlags für jegliche Personen-, Sach- und Vermögensschäden ist daher ausgeschlossen.

ISBN: 978-3-969300497

Email: info@edition-lunerion.de
www.edition-lunerion.de

Psiana eCom UG
Berumer Str. 44
26844 Jemgum

INHALT

Vorwort

Sie haben schon immer bewundert, was andere Leute an schöner und individueller Keramik in ihren Wohnräumen stehen haben? Wenn Sie an einem Töpfermarkt vorbeigehen, dann staunen Sie und wünschten, Sie könnten diese teilweise sogar künstlerischen und bunten Werke selbst herstellen? Oder haben Sie vielleicht sogar einmal ein wenig mit Ton gearbeitet, die Töpferei über kurz oder lang betrieben, aber dann doch aus den Augen verloren? In jedem Fall finden Sie in diesem Handbuch sicherlich, wonach Sie gesucht haben! Egal, ob Sie bereits ein wenig Erfahrungen in der Töpferei gesammelt haben oder ob Sie komplett neu einsteigen – dieses schöne und kreative Handwerk ist für jedermann geeignet.

Im Allgemeinen haben handgefertigte Gegenstände schon viele Jahrhunderte überdauert – bevor es Maschinen gab, wurde schließlich alles handgefertigt. Und viele dieser Techniken haben sich über diese Jahrhunderte bewährt und kaum verändert. Die Töpferei gehört mit Sicherheit dazu! Damals wie heute gab und gibt es professionelle Handwerker wie auch Hobbytöpfer, welche die schönsten und kreativsten Alltagsgegenstände herstellen können. Nicht nur, dass Sie allerlei praktische Gebrauchsgegenstände fertigen können, diese individuellen Güter haben auch stets einen persönlichen und authentischen Touch. Und dies kommt natürlich umso besser zum Ausdruck, wenn es *Ihr* persönlicher Stil ist. Es gibt kaum einen besseren Weg, Ihr Eigenheim ein wenig aufzufrischen und ein wenig kreativer in Ihrer eigenen Wohnraumgestaltung zu werden. Besonders werden sich sicherlich auch Freunde und Familie freuen, wenn sie persönliche und doch nützliche Geschenke in dieser Form erhalten.

Sie werden sehen, mit ein wenig Übung haben Sie beim Töpfern auch schnell den richtigen Dreh raus – sprichwörtlich und im tatsächlichen Sinne. Denn beim Töpfern wird die Drehscheibe schnell Ihr bester Freund. Also, worauf warten Sie noch? Zögern Sie nicht lange und starten Sie Ihr eigenes Handwerksprojekt.

In diesem Sinne: Viel Spaß und viel Erfolg mit diesem Buch!

Handwerkskunst Töpfern

Töpfern – ein Handwerk mit langer Geschichte und vielfältigen Einsatzgebieten. Aus Ton oder Lehm wird zumeist mithilfe einer Drehscheibe Keramik geformt, gebrannt und gegebenenfalls auch bemalt. Dabei entstehen die verschiedensten Gegenstände, von einfachen Gebrauchsgegenständen für Ihren Wohnraum bis hin zu Kunst- und Dekorationsgegenständen. Dieses Buch wird Sie näher an die Töpferei heranbringen. Sie erfahren allerlei Grundlegendes über die Geschichte des Töpferns und alles, was Sie über das Hauptmaterial Ton wissen sollten. Außerdem lernen Sie die wichtigsten Werkzeuge kennen und erfahren, wie Sie diese benutzen. Womöglich haben Sie zuhause ja sogar schon einen kleinen Werkzeugkasten parat? Aber keine Sorge, wenn dies nicht der Fall ist – die wichtigsten Gegenstände werden Sie sicherlich ruckzuck zusammenhaben. Für den Beginn genügt schließlich, wie bei jedem Handwerk, erst einmal eine simple Grundausstattung – wenn Sie den Dreh an der Scheibe dann genau heraushaben, können Sie weiter aufstocken! Alles, was Sie über einen geeigneten Brennofen wissen müssen, verraten wir Ihnen auch.

Natürlich finden Sie in späteren Kapiteln auch einfache Anleitungen für Ihre ersten Keramikgegenstände. Probieren Sie sich aus und staunen Sie, wenn Sie Ihre ersten eigens angefertigten Becher und sonstige Projektstücke in den Händen halten. Sie erhalten außerdem auch Tipps, wie Sie schnell besser werden und sich an etwas aufwendigere Projekte wagen können. Und schließlich können Sie am Ende auch nachlesen, wie Sie Ton bearbeiten. Stempeln, Glasieren, Bemalen – die Möglichkeiten sind sehr vielfältig und mit Sicherheit finden Sie die eine oder andere, die Sie ganz besonders begeistert.

Alles in allem soll dieses Buch Ihnen den Einstieg in die Töpferei erleichtern und Sie bestmöglich auf die ersten Projekte vorbereiten bzw. Ihnen Schritt für Schritt zur Seite stehen. Und dann werden Sie schon ganz bald allerlei schöne Dinge fertigen können! So können Sie am Ende dieser kleinen Handwerker-Lektüre sicherlich sich selbst und Ihre Liebsten mit handgefertigten Gegenständen und Geschenken erfreuen. Und wie immer ist natürlich allein das Handwerk selbst eine große Freude – endlich wieder kreativ werden, mit den eignen Händen arbeiten, gestalten und anfertigen! Die perfekte Abwechslung zum Büro-Alltag oder für alle anderen, die sich einfach einmal wieder kreativ austoben möchten. Worauf warten Sie also noch? Los geht's!

Die Töpferei – ein Handwerk mit Tradition

Töpfern ist ein lang bekanntes Handwerk – seine Geschichte geht weit in die Anfänge unserer Zeit zurück und es gab immer wieder Phasen des Aufschwungs und des Abflachens seiner Beliebtheit. Dennoch ging es nie ganz verloren und es ist auch heute noch ein beliebtes Hobby für junge und ältere Leute. Erfahren Sie zu Beginn dieses Buches etwas mehr über die lange Tradition des Töpferns und die verschiedenen Einsatzgebiete, die es über die Jahre erhielt.

DIE GESCHICHTE UND TRADITION DES TÖPFERNS

Töpfern bzw. Töpferei bezeichnet die Herstellung von Keramik aus Lehm oder Ton. Durch anschließendes *Brennen* werden die Endprodukte hart und teilweise sogar wasserundurchlässig. Ton und Lehm unterscheiden sich dabei nur ein wenig – während Ton aus Mineralien besteht und kaum bzw. nur sehr wenige Verunreinigungen enthält, besteht Lehm aus einer Mischung aus Ton und Verunreinigungen wie Sand oder Feinböden bzw. sogenanntem *Schluff*.

Dieses Handwerk kennt man schon seit mehr als 20.000 Jahren. Ganz frühe Funde von aus Lehm hergestellten Gegenständen finden sich bereits aus Zeiten der Jungsteinzeit. Dabei handelt es sich noch nicht um sorgsam geformte Gefäße, sondern mehr um nicht immer ganz identifizierbare Figuren, die nicht unbedingt beabsichtigt gefertigt worden sind. Einige Forscher glauben, dass es sich sogar eher um Zufallsprodukte handelt, die beim Feuermachen auf einem Lehm- oder Ton-Untergrund nebenbei entstanden sind. Es liegt nahe, dass die Entdeckung der Herstellungsmöglichkeit von Gefäßen und anderen Gegenständen aus Ton und Lehm unabhängig voneinander in mehreren Ländern bzw. auf mehreren Kontinenten erfolgte.

In Nordasien wurden bereits sehr frühe Gefäße gefunden, denen teilweise sogar schon eine spezielle Bedeutung zugesprochen werden konnte. So gibt es aus dem russischen Gebiet um den Fluss Armur erste Funde und Schalen aus Japan, die für Zeremonien genutzt wurden, wie auch andere Schalen und Kelche, mit denen nach heutigem Kenntnisstand Muscheln und Fische gefangen wurden. Auch aus China gibt es frühe geschichtliche Funde, auch hier waren die meisten frühen Gefäße Schalen, teilweise auch Töpfe.

In China fand man außerdem auch im 8. Jahrtausend v. Chr. Gefäße, die aus rotem Ton hergestellt wurden (nur selten aus weißem) und sogar bereits kunstvoll mit Linien, Mustern, geometrischen Figuren und teilweise auch mit Tierformen verziert worden waren. In Afrika fand man erste Keramikstücke im Sudan. In der Wüste Juda in Westasien fand man Gefäße aus dem Zeitraum von ca. 7600-6300 v. Chr. und etwa 3500 bis 4000 Jahre später fand man im restlichen Orient weitere Keramik, die sogar auf einer ersten *Töpferscheibe* in Form einer Art Scherbe gefertigt wurde. Insbesondere nordmesopotamische Töpfe zeugen davon, dass das Töpferhandwerk bereits recht entwickelt war. Diese Töpfe wurden zusätzlich mit Kalk bearbeitet und waren extrem flammfest, sodass sie sogar ins offene Feuer gestellt werden konnten.

In Europa geht man davon aus, dass die Töpferei während der Jungsteinzeit von Einwanderern aus der Gegend Anatoliens eingeführt wurde. Auch im Balkan war jedoch sogar bereits bemalte Keramik früh gebräuchlich. Weiter westlich fand man jedoch aus dieser Zeit nur sehr wenige Keramikgegenstände. Im Norden waren es eher spitzbogige Gefäße, die zahlreich verwendet wurden.

Töpferscheiben zum Fertigen der Gegenstände waren sehr früh vor allem in Griechenland in Gebrauch, etwa seit minoischer Zeit, also seit der bronzezeitlichen und frühesten Hochkultur Europas. Dies war insgesamt ein Zeitraum zwischen 2600-1450 v. Chr. Die Griechen bemalten ihre Gefäße mit schwarzen Figuren, meistens Menschen und Tiergestalten. Ein wenig später fand man auch die ersten Brennöfen mit Doppelkammern. Im Alten Ägypten entstanden etwa in diesem Zeitraum auch erste Keramikgefäße mit Glasuren. Auch in China wurde dann mit Glasuren gearbeitet und modernere Brennöfen entstanden. Währenddessen erreichte die europäische Töpferkultur abseits der römisch-griechischen Kultur nicht den gleichen hohen Standard. Nach dem Untergang des Römischen

Reiches ging das Maß an Perfektion sogar zurück und es dauerte eine Weile, bis die Qualität wieder einen ähnlichen Standard erhielt. Unterdessen hielt sich die dort erfundene Drehscheibe jedoch in den ehemaligen römischen Gebieten. In anderen Gebieten wurde die Keramik zunächst per Hand hergestellt oder ggf. anschließend noch nachgedreht. Die Scheibe dominierte erst wieder im Spätmittelalter, als die Töpferei zunehmend städtisches Handwerk wurde. Man staunte zwar noch über die besonders hochwertigen Werke aus dem Orient, Keramik als eine Art Kunst wurde in Europa jedoch noch nicht anerkannt.

Im 19. Jahrhundert erlebte die Zeit des sogenannten *Steinguts* dann Hochsaison. Dies bezeichnet Keramikware aus porösen Scherben und Ton, Quarz und anderen Mineralien. Diese Keramikgegenstände wurden kunstvoll bemalt und mit einer Bleiglasur bearbeitet, die das Gefäß schön glänzen ließ. Im 15. Jahrhundert erfand man in Dresden das Hartporzellan, während auch in China das härtere Porzellan entdeckt wurde – das synthetische Porzellan, das nicht mehr abhängig von einer bestimmten Tonart oder von bestimmten Mineralien war. In der Industrieepoche schließlich wurde Keramik kaum noch wie ursprünglich aus Ton hergestellt. Man verwendete im Allgemeinen jedoch noch Keramik für vielerlei technische Zwecke.

In der heutigen Zeit ist Keramik immer noch weit verbreitet. Es wird vorwiegend nicht mehr in medizinischen oder mechanischen Werken verwendet, sondern ist wohl bekannter als Haushaltsporzellan oder als Hobbytöpferei. Eines steht jedoch fest: Die Töpferei und die Keramik sind seit ihrer Entdeckung niemals verloren gegangen, nur die Art der Herstellung und Anwendung hat sich geändert. Erfahren Sie im nächsten Kapitel mehr Details über den spannenden Wandel dieses Handwerks.

TÖPFERN IM WANDEL DER ZEIT

Das Handwerk der Töpferei veränderte sich über die Jahrhunderte stetig. Wie bereits erklärt, waren die ersten Keramikgegenstände, die hergestellt wurden, eher unfreiwillige Figuren. Nachdem die ersten Menschen dies entdeckt hatten, formten sie höchstwahrscheinlich auch bewusster Figuren von Tieren oder Menschen und ließen sie im Feuer brennen. Es waren sozusagen plastische erste Höhlenmalereien.

Die ersten bewusst geformten Gegenstände hingegen waren dann vorwiegend Gefäße: Tassen, Schalen, Krüge, becherähnliche Formen usw. Der verhältnismäßig einfach zu bearbeitende Rohstoff Ton bzw. Lehm verhalf damit unseren Vorfahren, relativ leicht Gefäße herzustellen, die Flüssigkeiten oder große Mengen kleiner Gegenstände aufsammeln konnten und die aus anderen Materialien nur mit mehr Aufwand zu beschaffen gewesen wären. Holz, Stein usw. mussten z. B. unter wesentlich größerem Aufwand und mit mehr Werkzeug bearbeitet werden. Gerade mit Ende der Sammler- und Jäger-Zeit waren außerdem auch die Bedürfnisse andere. Man brauchte jetzt mehr Werkzeuge und mehr Gebrauchsgegenstände wie Schalen, Becher usw., da man mit der Landwirtschaft begonnen hatte. Töpferware wurde dabei so umfangreich hergestellt, dass sie heute noch sehr häufig bei archäologischen Funden den quantitativ höchsten Teil ausmacht. Was außerdem bemerkenswert ist: Aus vielen archäologischen Studien ist mittlerweile bekannt, dass in vielen Kulturen auffallend häufig vorwiegend Frauen töpferten – was damals bei einem Handwerk in vielen Kulturen eigentlich nicht sonderlich üblich war.

Bevor es die Töpferscheibe gab, wurden die ersten Gefäße dergestalt gefertigt, dass man entweder einen Tonklumpen plättete und ausbuchtete bzw. nur ausbuchtete oder indem man einen Boden vorfertigte und darauf aufbaute. Dieses Aufbauen sah meistens so aus, dass eine Tonschlange spiralförmig auf den Boden aufgelegt und nach oben gerollt wurde. Die Ränder wurden dann am Ende glatt gestrichen, um eventuelle Lücken zu füllen. Erst mit den ersten frühen Töpferscheiben veränderte sich dies und die Keramikgefäße konnten nun nicht nur wesentlich ordentlicher, sondern auch wesentlich schöner und künstlerischer gestaltet werden.

Im heutigen Mitteleuropa gehörte die Töpferei zunächst zur bäuerlichen Kultur. Landwirtschaft und Ton gehörten zusammen. Auch im Römischen Gebiet wurde Töpferware recht groß geschrieben, doch nachdem das Römische Reich unterging, passierte in der Töpferei in Mitteleuropa relativ wenig. Zwar verschwand das Handwerk nicht vollkommen von der Bildfläche, es gab aber kaum noch Keramikware und es veränderte und verbesserte sich für einen längeren Zeitraum erst einmal gar nichts.

Außerdem wurde Keramik zunächst normalerweise nur für den Eigenbedarf angefertigt. Erste Handwerkerwerkstätten, die sich auf die eher *professionelle* Anfertigung von Töpferwaren spezialisierten, stammen aus keltischen Dörfern, etwa aus der Zeit um 500 v. Chr. Mit dem Untergang der keltischen Siedlungen im 1. Jahrhundert n. Chr. jedoch verschwanden auch diese zunächst ein wenig von der Bildfläche.

In späteren Jahrhunderten, in denen die Keramik langsam wieder größer wurde, kam insbesondere mit der Entwicklung von größeren Ansiedlungen, die nunmehr richtige Städte wurden, die Notwendigkeit von Spezialisten auf. So bildeten sich wieder professionellere Handwerksbetriebe. Im 9. Und 10. Jahrhundert schließlich schlossen sich die ersten Zünfte zusammen. Solche Zünfte (Einzahl: Zunft) bezeichnen Zusammenschlüsse mehrerer Personen, die das gleiche Handwerksgewerbe ausüben. Man schloss sich zusammen, da man sich so gegenseitig unterstützen und für gemeinsame Interessen eintreten konnte. Das sorgte für wirtschaftliche Sicherheit und ermöglichte außerdem zunehmend gute Handwerksausbildungen für Lernende.

Im 17. Jahrhundert wandelte sich die Keramik schließlich von einem Handwerk für simple Gebrauchsgegenstände zu einem, das sogar künstlerisch schöne Dinge fertigen konnte. So fertigte man gerade in den größeren Zusammenschlüssen nun neben einfachen Alltagsgegenständen auch schöne und elegante Keramik für den städtischen Mittelstand und teilweise sogar wahre Prunkstücke für den Adel. In diesem Zeitraum vergrößerten sich die Städte und damit auch die Nachfrage. Die Zusammenschlüsse der Handwerker wuchsen dadurch ebenfalls.

Mit steigender Nachfrage wurde es einfacher für die Handwerksberufe und man konnte in größeren Massen produzieren und schließlich in den größeren Zusammenschlüssen auch kostengünstiger produzieren als kleinere Handwerksstätten. Die Zunftordnung jedoch verhinderte solche Entwicklungen zumeist. So lohnte sich der Betrieb finanziell häufig für diejenigen Betriebe, die eigenständig größer und nicht an Zunft-Zusammenschlüsse gebunden waren. Diese Betriebe wuchsen und konnten in größeren Mengen herstellen, sich infolgedessen auch bessere Werkzeuge und Arbeitsgeräte leisten und schließlich weiter wachsen. So entstanden die ersten Manufakturen, die nun auch hauptsächlich mit Lohnmitarbeitern arbeiteten. Die erste dieser Manufakturen in Deutschland war die Fayence-Manufaktur aus dem Jahr 1666 in Hanau.

Mit steigender Entwicklung förderten die Herrschenden in diesem Zeitraum häufig auch die wirtschaftliche Entwicklung der Handwerksbetriebe. In den nächsten Jahren entwickelte sich außerdem im Zusammenhang mit der Industrialisierung eine neue Art der Herstellungsprozesse in den meisten Handwerksberufen, so also auch in der Töpferei. Verschiedene Arten von Ton, Steingut, Porzellanrohstoffen und anderen Werkstoffen sorgten nun außerdem für die verschiedensten Keramikgegenstände.

Abgesehen von den lang bekannten schönen Figuren und Gefäßen konnte man mittlerweile auch Geschirr, Zierkeramik, Ofenkacheln, Ziegeln, Mahlkörper, Isolatoren und vieles mehr herstellen. Gerade Porzellan-Manufakturen erfreuten sich im deutschen Raum großer Beliebtheit. Natürlich kannte man dies schon lange vorher in China, doch erst etwa tausend Jahre später kam es über den Seeweg nach Deutschland. Zunächst versuchten Manufakturen in Sachsen, die besonders schönen Porzellan-Erzeugnisse allein herzustellen und die Prozedur geheim zu halten, doch dies gelang ihnen nicht lange.

Auch die Produktion mit Steingut wurde sehr beliebt und so konnten in ersten Manufakturen im 19. Jahrhundert damit auch Sanitärprodukte hergestellt werden. Besonders bekannt ist auch heute noch *Villeroy&Boch*, die zu den Spezialanfertigungsstätten gehört. Steingut wurde außerdem auch als Material für die Herstellung von Fliesen verwendet. Als Fliese wurde damals jegliche verhältnismäßig kleine und dünne Stein- oder Tonplatte bezeichnet. Diese kannte man zunächst als Wanddekoration aus dem Orient und im Mittelalter suchte man nach einer Möglichkeit, diese ebenfalls nach Mitteleuropa zu bringen.

Ende des 19. Jahrhunderts schließlich wurde Keramik vielfach in der Technik verwendet. Aufgrund seiner besonderen Eigenschaftsmerkmale wurde es z. B. in der Elektrotechnik als Isolator verwendet. Auch heute noch wird Keramik vielfach in der Elektrotechnik, in der chemischen Technik und im Maschinenbau verwendet. Damit hat die Töpferei einen Wandel vollzogen, der bei einem einfachen Alltagshandwerk begann, langsam künstlerischer und professioneller wurde und schließlich seinen Weg in die Industrie und in die Technik fand. Natürlich gibt es heute auch noch die seither bekannte handwerkliche Töpferei, die sich nach wie vor größerer Beliebtheit erfreut.

Vor allem Hobbytöpferei und kleinere Betriebe stellen auch jetzt noch die schönsten Gefäße und andere Gegenstände her. Von einfach aussehenden, nahezu naturnahen Krügen bis hin zu kunstvollem Porzellan und kunstvoller Küchenkeramik – für alle Geschmäcker ist etwas dabei. Dabei sind die so gefertigten Gegenstände auch noch ebenso schön wie nützlich. Die Töpferei ist und bleibt damit nicht nur eines der wichtigsten Handwerke, sondern auch eines der schönsten.

Werkzeug- und Materialkunde

Nach allem, was Sie bisher gelernt haben, können Sie es sicherlich kaum erwarten, loszulegen. Ein wenig Informationen über die notwendigen Werkzeuge und das Basismaterial sollten Sie jedoch vorher noch erlangen. Daher finden Sie in diesem Kapitel alles, was Sie wissen sollten, bevor es losgeht! Ob Töpferscheibe, Werkzeugset, Cutter oder Stempel – Sie lernen alle wichtigen Ausstattungsgegenstände kennen und können danach gut informiert Ihre eigene kleine Werkstatt aufstocken.

DIE TÖPFERSCHEIBE

Die Töpferscheibe ist sicherlich die wichtigste Anschaffung – zwar gab es erste Tonfiguren und Gefäße auch schon zu Zeiten vor ihrer Entwicklung, doch ist sie heute aus dem Handwerk nicht mehr wegzudenken. Eine solche Töpferscheibe ist eine in sich horizontal rotierende Scheibe, die zumeist aus Holz oder Metall besteht und die angetrieben eine Drehung erzeugt, sodass das auf ihr gefertigte Werk rotationssymmetrisch hergestellt wird. Die älteste Töpferscheibe stammt wahrscheinlich aus dem Jahr um 3000 v. Chr. aus Mesopotamien, doch auch in Ägypten kannte man sie in dieser Zeit bereits. Man fand in Ägypten vor allem bildliche Darstellungen, die Handwerker an der Scheibe zeigten. Ähnliche Funde, die darauf schließen lassen, dass das Drehen schon in früheren Zeiten bekannt war, stammen allerdings auch aus Indien aus dem 5. Jahrtausend v. Chr. Es gibt hier jedoch keine mit Sicherheit als Töpferscheibe erkannten Fundstücke.

Die Töpferscheibe wurde damals wie heute meistens mit einem Fußantrieb bedient und zum Drehen gebracht. Ihr Aufbau besteht daher meist aus zwei Scheiben – aus einer oberen, die man *Scheibenkopf* nennt, und einer unteren, die man als *Schwungscheibe* bezeichnet. Die beiden Scheiben sind mit einer senkrechten Achse miteinander verbunden. Während zunächst die untere Schwungscheibe mit dem Fuß in Rotation gesetzt wird, wird auf dem Scheibenkopf gearbeitet.

Heutzutage gibt es schneller und langsamer drehende Töpferscheiben. Die langsamer drehenden Scheiben eignen sich besonders gut für sogenannte *Aufbautechniken*, d. h., Sie nutzen mehrere Tonstücke und bauen damit, wie der Begriff schon sagt, aufeinander auf. Die schnelleren Scheiben werden eher für Werke genutzt, die aus der sogenannten *Hochzieh-Technik* entstehen. Das bedeutet grob gesagt, dass nur ein Klumpen Ton genutzt wird und dieser wortwörtlich hochgezogen wird.

Zu den Techniken finden Sie später jedoch noch mehr Details. Langsamere Töpferscheiben werden außerdem oft auch per Hand bedient anstatt mit einem Pedal. In jedem Fall braucht es ein wenig Übung, um den richtigen Dreh heraus zu haben, doch wie immer gilt: Übung macht den Meister. Starten Sie ruhig mit einer langsamer drehenden Scheibe, wenn Sie absolut gar keine Erfahrung mit der Töpferei haben, das wird wahrscheinlich wesentlich einfacher sein, als direkt mit der schnellen Drehscheibe anzufangen. Ein simples Modell genügt für den Beginn in jedem Fall, jedoch sollte es auch keine Billig-Variante sein. Empfehlenswert sind Mittelklassemodelle, sodass Sie auch einen guten und gleichmäßigen Schwung bekommen und ein wenig länger Freude an Ihrer Scheibe haben. Es gibt auch einige Scheiben, bei denen Sie die Geschwindigkeit einstellen können. Auch diese können gute Anfängerscheiben sein. Idealerweise überlegen Sie sich am Anfang, was Sie produzieren möchten.

Machen Sie sich ruhig auch ein paar Gedanken darüber, ob Sie eher größere oder kleinere Dinge herstellen möchten, ob das, was Sie im Kopf haben, eher schwer sein wird, ob es für den Eigenbedarf oder sogar für den Verkauf geeignet sein soll usw. Das erleichtert die Suche ungemein. Sie können sich sicherlich auch online über die verschiedenen Modelle informieren – bestimmte Online-Shops haben auch genaue Informationen zu den Scheiben parat oder Sie fragen im Fachhandel nach. In jedem Fall hilft es, wenn Sie wissen, was die Scheibe können muss. Und dann braucht es nur ein paar Probearbeiten und Sie werden sicherlich schnell lernen, wie die Scheibe zu bedienen ist. Machen Sie sich keine Sorgen, wenn es ein paar Fehlversuche braucht – die Töpferscheibe richtig zu bedienen, ist nicht das Allereinfachste, es braucht definitiv ein wenig Übung. Sobald Sie allerdings heraushaben, wie Sie es angehen, wird es ein nahezu automatisierter Prozess werden.

Tipp: Wenn Sie unsicher sind, ob Sie wirklich eine Drehscheibe kaufen sollten, bevor Sie überhaupt wissen, wie es Ihnen damit ergeht, probieren Sie doch zunächst vorher anderswo das Drehen aus. Besuchen Sie etwa einen Töpferkurs, bei dem das Drehen schon gelehrt wird, oder fragen Sie Freunde und Bekannte, die töpfern. Vielleicht finden Sie ja sogar ein kleines Töpferatelier, in dem Sie die Drehscheibe einmal ausprobieren dürfen? Dort berät man Sie dann vielleicht auch gerne über den Kopf der passenden Anfängertöpferscheibe.

TÖPFERWERKZEUG-SET

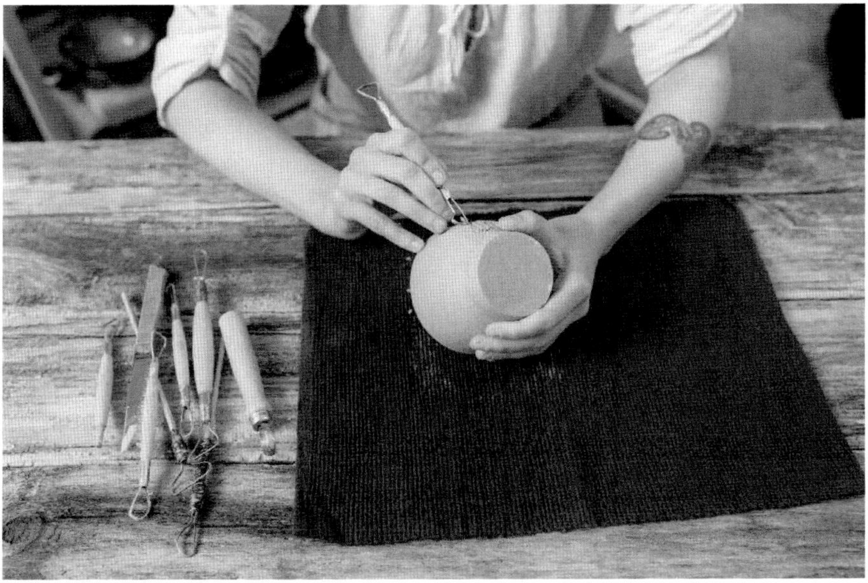

Töpferwerkzeuge gibt es viele verschiedene – doch keine Sorge, Sie benötigen gerade für den Einstieg nicht unbedingt eine Reihe von verschiedenen Profiwerkzeugen. Oftmals können Sie sogar einfache Küchenutensilien umfunktionieren.

So können Sie sich gerade zu Beginn auf die wichtigsten Werkzeuge konzentrieren und nach und nach, wenn Sie länger am Ball bleiben möchten, Ihre kleine Werkstatt besser ausstatten. Dabei spielt es gerade zu Beginn meistens auch kaum eine Rolle, welchen Ton Sie verwenden möchten – die einfachen Grundwerkzeuge reichen in jedem Fall zunächst aus. Mehr zu den verschiedenen Tonsorten können Sie später nachlesen.

Töpferwerkzeug-Sets für Anfänger gibt es ebenfalls in vielen Varianten. Informieren Sie sich ruhig vorab noch einmal im Fachhandel oder beim guten Online-Shop – einfache Beginner-Sets finden Sie jedoch auch in vielen Shops.

Solche Töpferwerkzeug-Sets beinhalten zumeist wenigstens den folgenden Grundstock: einen Schwamm, eine *Ziehklinge*, *Schlingen* oder *Lochstecher* sowie diverse Form- und Schneidewerkzeuge. Diese Schneidewerkzeuge sind vor allem *Graviermesser, Skalpellmesser, Plattenmesser* und *Schneidedrähte*. Auch wenn Sie zu Beginn nicht direkt alles benötigen, hier die wichtigsten Informationen:

Schneidedrähte

Schneidedrähte sind verschiedenen Drähte, teilweise mit Griff, teilweise ohne, die dem Schneiden des weichen Tons dienen. Man bekommt runde Drähte sowie gerade, steife und biegsame, längere und kürzere – was immer Sie benötigen. Diese Drähte sind normalerweise auch nicht besonders teuer. Und wenn Sie auf eine angemessene Qualität achten, dann haben Sie auch lange Freude mit ihnen. In den meisten Anfängersets sind wenigstens ein oder zwei Schneidedrähte enthalten. Sie können Sie im Fachhandel aber auch einzeln nachkaufen. Die Drähte dienen dazu, möglichst saubere und glatte Schnitte zu erzielen, und sind definitiv eines der Werkzeuge, die Sie zu Beginn haben sollten.

Für den Anfang können Sie jedoch auch zu handelsüblichem Draht greifen, wenn Sie nicht extra viele Anschaffungen tätigen möchten – wenn Sie etwa ohnehin eine kleine Werkstatt haben, in der Sie sauberen Draht zur Hand haben, dann können Sie normalerweise ohne Probleme auch damit erste Stücke anfertigten.

Graviermesser, Skalpellmesser und Plattenmesser

Alle diese und weitere Töpfermesser dienen ebenfalls dem Abtrennen und Formen einzelner Tonstücke. Sie werden auch dafür verwendet, kleine Strukturen einzubringen, den Gegenständen Formen zu geben usw. Auch davon können Sie vielerlei Varianten aus dem Fachhandel besorgen oder aber Sie greifen zu einem einfachen Set, was ein paar Messer beinhaltet. Die Sets geben normalerweise ein paar gute Basisformen mit, sodass Sie nicht erst lange überlegen müssen, welches Messer sich nun für den Beginn besonders gut eignet.

Wenn Sie kreativ sein möchten, können Sie auch hier zu Beginn schauen, welche Messer Sie zuhause ohnehin unbenutzt herumliegen haben. Sie können auch zu scharfen und glatten Küchenmessern greifen, anstatt zu neuen Anschaffungen. Mehr zum Thema Messer finden Sie auch im nächsten Kapitel noch ein wenig ausführlicher.

Ziehklinge

Die Ziehklinge dient dem Glätten der Töpferware beim Bearbeiten und man erhält Sie in vielen verschiedenen Formen und Größen und aus diversen Materialien – Gummi, Kunststoff, Edelstahl, Holz und weitere. Auch hier eignet sich zu Beginn eine oder vielleicht zwei einfache Ausführungen. In den meisten Beginner-Sets finden Sie ebenfalls eine oder zwei Ziehklingen. Auch hier können Sie schauen, was Sie bereits zuhause haben – für allererste Werke reichen teilweise sogar einfache Teigschaber. Auf lange Sicht bieten sich die verschiedenen Formen jedoch besser an. Wenn Sie mit einem Set starten, dann können Sie im Fachhandel nach und nach auch weitere Formen dazu kaufen und so für kreativere und verschiedene Werke vorbereitet sein.

Schwämme

Einen kleinen Schwamm finden Sie normalerweise auch in den meisten Werkzeug-Sets. Diesen brauchen Sie auch zum regelmäßigen Befeuchten des Tons, solange Sie ihn bearbeiten. Es ist definitiv die beste Variante, Ihren Ton weiter feucht und so bearbeitbar zu halten, ihn aber gleichzeitig nicht aus der Form zu bringen bzw. seltsame Abdrücke zu hinterlassen.

Schlingen und Lochstecher

Schlingen oder Lochstecher dienen dem Aushöhlen von Tonfiguren. Sie gibt es in zahlreichen Varianten und verschiedenen Formen und Größen, sodass sie perfekt für alle möglichen Tonfiguren perfekt ausgelegt sind. Größere Sets beinhalten meistens einen Lochstecher und mehrere Schlingen, kleinere Sets wenigstens ein oder zwei Schlingen. Wenn Sie noch ganz am Anfang stehen, können Sie es auch mit einem einfachen Apfelentkerner oder Tee- und Kaffeelöffel probieren, bevor Sie etwas anschaffen. Das funktioniert gerade bei Beginner-Projekten häufig auch ganz gut.

Weitere Werkzeuge und kreative Lösungen

Abgesehen von diesen Werkzeugen gibt es natürlich noch eine Reihe anderer Hilfsmittel, die Sie für diverse Tonarbeiten nutzen können. Dazu zählen verschiedene *Strukturrollen*, Ausstechformen und Schablonen, *Modellierhölzer* und *Kratzhölzer*. Mit Strukturrollen, Ausstechformen und Schablonen bringen Sie den Ton in besondere Formen und Muster. Lochstecher sorgen, wie der Name schon verrät, für Löcher bzw. das Aushöhlen des Tones und Modellierhölzer dienen dazu, Ecken und Kanten zu fertigen. Kratzhölzer schließlich bringen Strukturen in Ihren Ton. All diese Werkzeuge finden Sie in den verschiedensten Ausführungen im Fachhandel und im Online-Shop. Es kommt meistens ganz darauf an, was genau Sie fertigen möchten, welche Formen Ihnen gefallen usw. Ausstechformen und Schablonen werden meistens nur genutzt, wenn man Ton tatsächlich anfügt bzw. aufbaut. Für einfache Arbeiten brauchen Sie dies zu Beginn jedoch nicht alles. Kratzhölzer oder auch ein Modellierholz können noch recht nützlich sein. Auch hier können Sie jedoch zum Teil wieder kreativ werden und in Ihrem Eigenheim zunächst nachschauen, was bereits vorhanden ist. Eine Gabel eignet sich für einfache Strukturen gerade am Anfang z. B. ebenfalls sehr gut. Schauen Sie sich genau um, oft helfen die einfachsten kleinen Haushaltsgegenstände schon weiter. Und sobald Sie ein wenig mehr Übung haben und weiter töpfern möchten, können Sie Ihren Grundstock an Arbeitsmaterialien weiter aufstocken. Oder Sie besorgen sich ein kleines Beginner-Set. Nur wenn Sie bereits wissen, dass Sie die Werke verkaufen möchten, oder wenn Sie wirklich größere Projekte im Sinn haben, lohnt es sich womöglich, mit einem etwas umfangreicheren Set zu starten. Machen Sie sich ein wenig Gedanken und informieren Sie sich, doch Sie sollten sich von der Fülle der Auswahl auch nicht erschlagen lassen – es gilt wie immer: Ein Schritt nach dem anderen.

CUTTER ODER MESSER

Messer sind zum Arbeiten mit Ton unerlässlich. Wie oben bereits erwähnt, gibt es eine Vielzahl verschiedener spezieller Töpfermesser, von denen Sie die meisten auch in verschiedenen Ausführungen unterschiedlichster Materialien und Größen erhalten können. Doch auch hier sollten Sie sich nicht verunsichern lassen. Sie brauchen definitiv Messer, doch für den Einstieg sind nicht gerade zwanzig verschiedene kleine Messer notwendig und häufig auch gar nicht sinnvoll. Vielmehr bestünde die Gefahr, dass Sie sich nur unnötig verwirren lassen. Besorgen Sie sich ein oder zwei gute Messer, wenn Sie nichts zuhause haben, oder ein kleines Set (es braucht gar nicht groß sein, oft beinhalten schon 8-teilige oder 10-teilige Sets alles, was Sie benötigen) und starten Sie erst einmal! Mit der Übung und der Entwicklung kommen dann wahrscheinlich ganz von allein andere Messer dazu!

Wenn Sie bereits geeignete Messer zuhause haben, dann umso besser. Sie brauchen jedoch eher kleine Messer, damit Sie wirklich gezielt arbeiten können. Auch sollten diese scharf sein und eine glatte Klinge haben. Gezackte Klingen eignen sich eher nicht. Wenn Sie jedoch einen guten Cutter zuhause haben, kann auch dieser bei den ersten Werkstücken zu Hilfe genommen werden!

EIN NUDELHOLZ

Auch ein Nudelholz wird beim Töpfern gerne verwendet. Sie werden sicherlich bereits eines zuhause haben, möchten sich eventuell jedoch auch ein neues anschaffen, wenn Sie vorhaben, regelmäßig zu töpfern. Es sollte in jedem Fall noch guten Dreh haben und nicht schon allzu stockend und schwergängig sein. Alte Hölzer verziehen sich manchmal so, dass der Schwung nicht mehr einwandfrei ist. Darauf sollten Sie auf jeden Fall achten. Ein Nudelholz wird zum Ausrollen des Tons verwendet. Professionelle Töpfereien verwenden dafür ein sogenanntes *Rundholz*. Das ist jedoch für den Hobby-Bedarf nicht notwendig. Das Rundholz kann eine größere bzw. breitere Fläche abdecken und hinterlässt keine Spuren an den Rändern des Tons. Wenn Sie länger mit Ton arbeiten wollen bzw. die Werke professioneller gestalten und erarbeiten möchten, können Sie später überlegen, ob Sie sich eines anschaffen möchten, doch für den Beginn und für längere Zeit danach ist das Nudelholz auf jeden Fall ausreichend.

HOLZARBEITSBRETT

Manchmal bietet es sich an, ein Holzarbeitsbrett als Unterlage beim Arbeiten mit Ton zu verwenden. Dies können Sie entweder im Fachhandel kaufen oder Sie verwenden ein handelsübliches Küchenholzbrett, was Sie in allen größeren Geschäften, die Küchenutensilien verkaufen, finden werden. Es ist aber auch nicht zwangsläufig notwendig. Eine hölzerne Unterfläche kann eine sehr gute Arbeitsfläche sein, denn der Ton bleibt an Holz nicht haften. Auf anderen Unterflächen kann er stark kleben. Je nachdem, wie Ihre Arbeitsfläche um die Töpferscheibe herum aussieht, brauchen Sie es daher nicht zwangsläufig, sondern nur, wenn Sie keine hölzernen Untergründe haben.

HOLZLEISTEN

Auch Holzleisten, an denen der Ton nicht haftet, bieten sich für Ihre ersten Töpferwerkstücke an. Zwischen diesen Holzleisten können Sie den Ton nämlich wunderbar ausrollen und auf die gleiche Dicke bringen, ohne dass irgendetwas haften bleibt. Diese Holzleisten können Sie in jedem Baumarkt bekommen. Sie erhalten Sie in verschiedenen Stärken und Längen, je nachdem, was Sie benötigen.

GEFÄß FÜR WASSER

Ein Gefäß für Wasser müssen Sie in jedem Fall bereithalten. Am besten eignet sich ein kleiner Eimer oder eine größere Schale. Der Ton muss nämlich während der Bearbeitung feucht gehalten werden, sonst wird er bröselig und brüchig. Sie können kaltes Wasser oder auch leicht angewärmtes benutzen, die Temperatur macht keinen Unterschied. Nachdem das Wasser verdreckt und schlickig ist, sollten Sie es jedoch auswechseln. Wechseln Sie das Wasser im Idealfall auch aus, wenn Sie zu einem andersfarbigen Ton greifen. Der Eimer oder die Schale sollte auch in bequemer Höhe für Sie stehen. Das erleichtert die Arbeit sehr!

FRISCHHALTEFOLIE

Auch Frischhaltefolie ist ein nützliches Töpferutensil. Praktischerweise haben Sie diese womöglich ohnehin bereits in Ihrem Haushalt. Frischhaltefolie ist kein zwingend notwendiges Utensil bei der Töpferei. Wenn Sie jedoch erste Projekte fertigen, bei denen Sie etwas abformen möchten, kann die Folie sehr nützlich sein. Einen Teller nachzubilden, kann z. B. ganz gut funktionieren, indem Sie mit dem Ton einen Ihrer bereits vorhandenen Teller abbilden. Dazu sollten Sie dann Frischhaltefolie verwenden, die Sie auf den Teller legen, und dann erst mit dem Ton die entsprechende Form nachbilden. Ansonsten klebt der Ton am Teller fest.

STEMPEL

Mit diversen Stempeln können Sie verschiedene Muster in Ihre Töpferwerke bringen. Dafür können Sie jede Art von Stempel nutzen. Es gibt Stempel mit besonderen Mustern auch im Fachhandel oder im Online-Shop, aber wenn Sie bereits lustige und interessante Stempel parat haben, können Sie auch diese nutzen. Muster können Sie natürlich auch, wie oben bereits erwähnt, mit Strukturrollen oder einfachen Küchenutensilien einbringen, doch manchmal gibt es wirklich schöne Stempel, die Ihren Werken einen besonderen Pfiff verpassen.

Gerade nach den ersten Übungsprojekten bietet es sich an, sich einmal umzuschauen und zu sehen, was Sie noch alles für schöne Muster und Oberflächenstrukturen in Ihre Werke bringen können.

FRISCHHALTEBEUTEL

Große wiederverwendbare Frischhaltebeutel eignen sich besonders gut zum Aufbewahren des Tons. Der Ton sollte nicht an der Luft liegen bleiben, denn sonst trocknet er aus. Damit das nicht passiert, sollten Sie ihn also gut abdecken. Am besten eignen sich dafür Frischhaltebeutel, die groß genug sind, um Ihren Ton aufzubewahren, ohne dass Sie ihn hineindrücken oder quetschen müssen. Sie können den Ton natürlich auch in eine Dose oder in eine Box bringen, wichtig ist dabei jedoch, dass diese mit Sicherheit luftdicht verschließt und möglichst aus Holz oder Plastik besteht, damit nichts kleben bleibt.

AUF DEN PUNKT GEBRACHT

Sie sehen also, es braucht gar nicht viel, um mit der Töpferei zu beginnen. Viele Werkzeuge und Utensilien können Sie anfangs erst einmal außen vor lassen oder sogar aus Küchenutensilien selbst „basteln". Ein einfaches Anfänger-Set kann ebenfalls eine gute Lösung sein und nach und nach können Sie Ihre kleine Keramikwerkstatt dann aufstocken. Es braucht also zu Beginn keinesfalls einen großen Geldbeutel oder viel Aufwand!

Ton – die Basis des Töpferns

Bevor es losgeht, müssen Sie natürlich noch die wichtigsten Informationen zum absolut unerlässlichen Utensil erhalten: Ton – das Basismaterial der Töpferei. Doch Ton ist nicht immer gleich Ton. Ein paar Grundkenntnisse sollten Sie vor Beginn daher schon erhalten haben. Lernen Sie also in diesem Kapitel alles Wissenswerte über die verschiedenen Arten, den richtigen Ton zum Töpfern, das Brennen und vieles weitere.

DER PERFEKTE TON ZUM TÖPFERN

Grundsätzlich besteht Ton aus Tonmineralen bzw. Schichtsilikaten. Diese Mineralien sind entweder feinstkörnige Mineralien oder Schichtsilikate, die aus Sauerstoff, Silizium, Wasserstoff und zumeist Magnesium bestehen. Daneben kann Ton in kleineren Mengen auch andere Materialien enthalten. Durch einen hohen Wasseranteil ist Ton außerdem *plastisch*, also formbar. Auch ist er ungebrannt quellfähig, er vergrößert also sein Volumen durch mehr Wasseranteil. Gebrannter und getrockneter Ton wird fest, jedoch wird er getrocknet normalerweise auch spröde und brüchig. Je nach Anteil der Inhaltsstoffe kann der Ton unterschiedliche Eigenschaften besitzen.

Ton ist also nicht gleich Ton. Mancher eignet sich besser und anderer schlechter für spezielle Töpferprojekte. Doch gibt es *den* perfekten Ton für die Töpferei?

Die einfache Antwort: Es kommt wie immer darauf an, was Sie töpfern möchten. Für verschiedene Arten von Gegenständen und verschiedene Arbeitsweisen und Techniken eignen sich die unterschiedlichen Tonarten unterschiedlich gut. Lesen Sie daher im Folgenden mehr über die Unterschiede und Eigenschaften des Tons und über die unterschiedlichen Eignungen.

TONARTEN

Tonarten gibt es zahlreiche verschiedene. Und nicht alle besitzen die gleichen Eigenschaften oder das gleiche Aussehen. Der größte Unterschied besteht wahrscheinlich zwischen echtem Ton, den Sie im Brennofen aushärten müssen, und anderen Modelliermassen, wie sogenanntem *Soft-Ton,* die Sie nicht im Brennofen aushärten lassen müssen. Manche dieser Tonarten können sogar an der Luft trocknen und aushärten, andere können nur im normalen Backofen aushärten. Grob kann man den „echten" Ton auch in *Steingut, Steinzeug* und *Gießmassen* unterteilen.

Steingut

Steingut enthält häufig keine *Schamotte* (dazu später mehr) und ist daher besonders fein. Es gibt allerdings auch Steingut-Ton mit einem Schamottenanteil von maximal 40 %, der ein wenig gröber ist. Damit ist er jedoch immer noch recht fein und lässt sich deshalb besonders angenehm verarbeiten. Steingut ohne Schamotte eignet sich besonders gut für das Drehen an der Töpferscheibe und Steingut mit Schamottenanteil eher für das Aufbauen. Steingut kann man in verschiedenen Farben erhalten, meistens weiß, rot und schwarz. Grundsätzlich gilt, je höher der Schamotteanteil, desto eher eignet sich der Steingut-Ton für das Aufbauen und nicht mehr für das Drehen und desto heißer muss er auch gebrannt werden. Steingut-Ton hat den kleinen Nachteil, dass er häufig stets ein wenig porös bleibt, daher empfiehlt es sich, ihn mit einer Glasur nachzubearbeiten.

Steinzeug

Steinzeug-Ton hat ebenfalls entweder gar keinen oder nur einen sehr geringen Schamotteanteil (bis zu ca. 20 %) und ist daher auch ein angenehmes und einfach zu verarbeitendes Material. Er eignet sich ebenfalls sehr gut für das Drehen und mit ca. 20 % Schamotte auch zum Aufbauen. Steinzeug wird bei höheren Temperaturen gebrannt. Dafür ist es meistens aber auch sehr stabil und braucht in der Regel nicht einmal eine Glasur. Die so entstandenen Werke kosten zwar in der Herstellung aufgrund der höheren Brenntemperaturen mehr Energie, aber sie halten auch besser und länger.

Gießmassen

Gießmassen werden, wie der Name schon sagt, gegossen. Zuvor jedoch werden Sie selbst zu einer formbaren Masse angerührt. Danach brennt man auch diese Massen in der Regel und das bei ca. 1100 Grad. Beim Anrühren der Gießmassen sollte man Geduld mitbringen und gut rühren, bis die Masse wirklich gießfähig ist. Auch direkt vor Verwendung sollte die Masse noch angerührt werden, jedoch ohne mehr Wasser dazuzugeben. Mehr zum Tongießen finden Sie auch im späteren Kapitel über die Techniken.

Soft-Ton und andere Modelliermassen

Wie bereits erwähnt gibt es neben diesen drei Hauptkategorien auch noch sogenannten Soft-Ton und andere Sonderformen. Soft-Ton muss in der Regel gar nicht gebrannt werden und wird häufig per Hand modelliert. Andere Sondermassen können daneben auch einen hohen Schamotteanteil beinhalten und bei höheren Temperaturen gebrannt werden. Wenn Sie mit etwas Erfahrung nach ein wenig Abwechslung suchen, informieren Sie sich im Fachhandel oder stöbern Sie im Online-Shop – die Auswahl ist ziemlich groß!

DER BRENNBEREICH

Um den Ton am Ende der Bearbeitung auszuhärten, müssen Sie ihn in der Regel (mit Ausnahme des Soft-Tons) also brennen. Der sogenannte *Brennbereich* auf der Verpackung des Tons gibt daher an, bei welchen Temperaturen dieser Ton gebrannt werden kann bzw. soll. Diese Temperaturen können mitunter stark variieren. So wird Steingut in der Regel bei ca. 1050 Grad gebrannt und Steinzeug sogar noch heißer (bis zu ca. 1300 Grad). Porzellan schließlich wird sogar bei noch höheren Temperaturen gebrannt (bis zu ca. 1400 Grad). Gerade als Anfänger können Sie aber ruhig zu niedrig brennendem Ton greifen. Dieser hat meistens einen Brennbereich um die 1000 Grad. Außerdem ist das heißere Brennen auch teurer, daher lohnt es sich gerade beim Einstieg, wenn man noch übt, auch mit niedrigen Temperaturen anzufangen. Die meisten Werke werden übrigens wenigstens zweimal, teilweise sogar öfter gebrannt. Aber dazu später mehr.

Achten Sie also beim Kauf des Tons auf den Brennbereich, fangen Sie ruhig niedrig an und achten Sie auch später darauf, dass Sie Ton mit einem Brennbereich kaufen, der den Fähigkeiten Ihres Ofens entspricht.

DIE SCHAMOTTIERUNG

Als Schamotte bezeichnet man in der Töpferei bereits gebrannten und zu Scherben gemahlenen Ton, der frischem Ton untergemischt wurde. Manche (zu fette) Tonarten bekommen solche Scherben oder auch Sand untergemischt. Dadurch zieht sich der Ton nicht zu sehr zusammen und bricht nicht so leicht, wenn er gebrannt wird. Dies ist gerade bei der Herstellung von Keramik wichtig. Je höher der Schamottenanteil ist, desto mehr wurde dem Ton untergemischt. Der Schamottenanteil steht in der Regel auf der Verpackung des Tons.

Techniken des Töpferns

Zum erfolgreichen Töpfern gehört auch ein wenig Grundwissen über die wichtigsten Techniken. Es gibt mehrere Möglichkeiten, Ihre Tonwerke zu bearbeiten. Dieses Kapitel weiht Sie daher in die Grundlagen ein und bringt Ihnen alles über das Drehen an der Töpferscheibe, das Gießen und viele weitere Details zu den Techniken bei. Doch nicht vergessen: Die Theorie ist wichtig, doch nur mit ein wenig Praxisübung werden Sie besser. Also probieren Sie die hier erklärten Techniken auch ruhig der Reihe nach aus!

GRUNDANLEITUNG ZUM TÖPFERN MIT DER DREHSCHEIBE

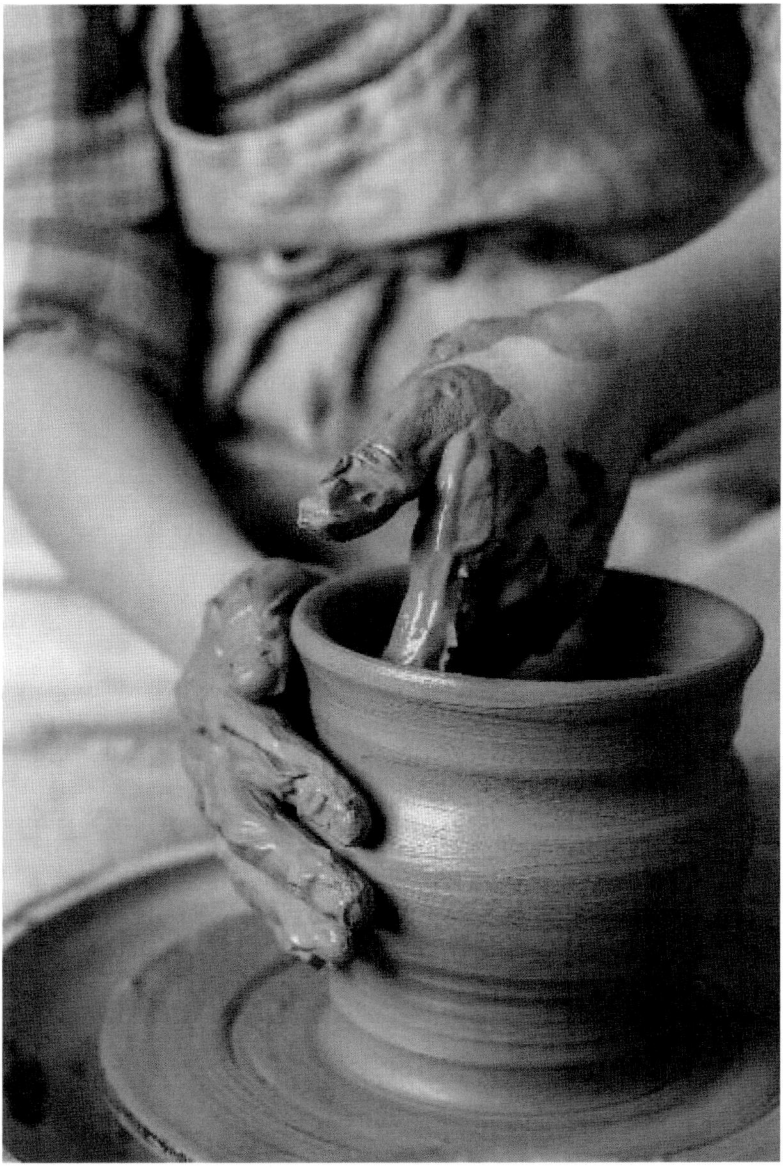

Die wahrscheinlich wichtigste und am häufigsten verwendete Technik ist das Drehen an der Töpferscheibe. Daher beginnen Sie am besten damit, ein wenig Übung an der Drehscheibe zu erlangen. Hier die wichtigsten Informationen zum Arbeiten an der Töpferscheibe. Diese Schritte beziehen sich vorwiegend auf ein Gefäß, nicht auf dichte Tonfiguren. Doch dies wird wahrscheinlich ohnehin den Hauptteil Ihrer Töpferwerke an der Scheibe einnehmen und ist daher eine gute und wichtige Übung.

1. Den Ton vorbereiten

Bereiten Sie zunächst den richtigen Ton vor, d.h., dass Sie ein Stück von der Basismasse abschneiden, das groß genug für Ihr Werk ist (aber idealerweise auch nicht viel größer) und ihn gut durchkneten, um Luftbildung zu vermeiden. Der Ton sollte spezieller *Drehton* sein, da dieser speziell für das Drehen auf der Töpferscheibe geeignet ist. Es handelt sich hierbei um Ton ohne Schamotte, da diese Scherben beim Drehen den Händen schaden könnten.

2. Zentrieren

Zu Beginn muss der Ton auf der Drehscheibe zentriert werden. Dies bedeutet, dass er mittig auf die Drehscheibe gelegt wird und dort durch Bewegen der Scheibe zentriert wird. Anfangs können Sie ruhig mit etwas niedrigerer Geschwindigkeit arbeiten, da Sie sicherlich noch ein wenig üben müssen, bevor es richtig klappt. Machen Sie sich keine Sorgen, wenn Sie ein paar Versuche brauchen, bis es gut aussieht und der Ton sich geschmeidig in der Mitte dreht. Wichtig ist, dass Sie ein gutes Gefühl für den Ton entwickeln, damit es Ihnen gelingt, den Ton während des ganzen Arbeitsprozesses mittig zu halten. Üben Sie diesen Prozess ruhig mehrere Male, bevor Sie mit Ihrem ersten Werkstück anfangen, dann wird es Ihnen später beim eigentlichen Arbeiten umso leichter fallen und Sie erleben keine Enttäuschungen mit Ihrem ersten Probestück und verschwenden keinen Ton. Lassen Sie sich nicht entmutigen, egal, wie lange es dauert – dies ist keine leichte Übung und es braucht bei jedem ein wenig Geduld und Feingefühl. Doch sobald Sie dies entwickelt haben, wird es eine routinemäßige Bewegung.

3. Aufbrechen

Der nächste Schritt ist das sogenannte Aufbrechen. Das bedeutet, wie der Name schon vermuten lässt, dass der Ton in der Mitte sozusagen *aufgebrochen* wird. Er wird jedoch dabei nicht in zwei Teile gebracht, sondern lediglich *geöffnet*. Dies geschieht dergestalt, dass Sie mit Ihrem Daumen ein Loch in die Mitte des Tons drücken. So entsteht eine Öffnung. Das Ganze passiert natürlich, während Sie weiterhin drehen. Sie müssen also vorsichtig und geschickt sein, damit Sie den Ton nicht zu sehr zusammen oder auseinander drücken. Durch dieses Aufbrechen können Sie nun den Boden des Tongefäßes bearbeiten. Dabei drücken Sie den Ton in der Mitte des Loches weiter nach unten und bearbeiten so die Innenfläche. Schaffen Sie eine Größe/Breite nach Ihrem Belieben und streichen Sie alles schön glatt. Doch seien Sie auch vorsichtig: Sie dürfen nicht zu weit nach unten drücken, da Sie sonst ein Loch in den Boden drücken könnten.

4. Der Boden

Bearbeiten Sie nun wie beschrieben den Boden. Lassen Sie ihn aber dick genug bzw. ein wenig dicker, als er am Ende sein sollte. Denn es besteht nicht nur die Gefahr, dass Sie den Boden direkt zu dünn oder gar löchrig drücken, sondern der Boden wird nach dem Herunternehmen von der Drehscheibe auch noch ein wenig dünner werden. Einerseits liegt dies daran, dass der Boden meist mit einem Schneidedraht von der Scheibe entfernt werden muss, was bedeutet, dass ein kleiner, wenn doch bemerklicher Rest vom Ton immer verloren geht. Andererseits schrumpft die Masse beim Trocknen auch noch ein wenig zusammen. Lassen Sie den Boden also bei der Bearbeitung lieber ein wenig zu dick als zu dünn.

5. Die Wände

Nun müssen Sie die Wände des Gefäßes ziehen. Diese sollten ebenfalls dick genug sein. Wichtig ist, dass Sie darauf achten, dass die Wände immer von unten nach oben gezogen werden. Nur so entsteht gleichmäßige Arbeit ohne unschöne Ränder und der Ton fällt auch nicht so leicht zusammen. Eine Hand sollte dabei im Inneren des Gefäßes sein und die andere Hand arbeitet von außen. Sie brauchen unbedingt beide Hände und sollten mit den Fingerspitzen gleichmäßig sanften Druck ausüben. So vermeiden Sie Fehler und ein Zusammenfallen des Tons. Bei dem Grundgriff dieser Technik legen Sie den Daumen der Hand, die die Innenseite bearbeitet, auf der Hand, die außen arbeitet, ab. Es gibt noch weitere Griffe, die Sie später noch lernen werden. Dieser Grundgriff ist jedoch der einfachste und effektivste für den Beginn.

Das war sie auch schon – die Grundanleitung zum Töpfern an der Drehscheibe! Sie sehen also, alles, was Sie brauchen, ist ein wenig Feingefühl und Übung.

Auf diese Art können Sie so zahlreiche Werke herstellen. Je nachdem, wie die Form am Ende aussehen soll, können Sie später noch mit den Griffen variieren, die Dicke des Tons verändern usw. Ein wenig Praxisübung wird Ihre Kreativität sicherlich anspornen!

TON GIEßEN

Wie bereits erwähnt, kann man in einigen Fällen Ton auch gießen. Dazu gibt es speziellen Ton, den Sie anrühren müssen und dann in Form gießen. Dies ist im Arbeitsprozess recht anders als das eigentliche Töpfern an der Drehscheibe oder beim Aufbauen, wo man mit Geduld und viel Handarbeit heran muss.

Wenn Sie Ton gießen möchten, brauchen Sie zunächst also geeignete Gießmasse. Diese können Sie überall im Fachhandel besorgen. Angeboten werden Sie meistens bereits in Eimern. Auch diesen speziellen Gieß-Ton können Sie natürlich in verschiedenen Farben erhalten. Daneben benötigen Sie noch eine oder mehrere Formen, in die der Ton gegossen werden kann. Diese Formen können Sie ebenfalls im Fachhandel erhalten. Sie bestehen meist aus Gips. Formen gibt es mittlerweile für alle möglichen Töpferstücke – egal, ob Sie Geschirr oder Trinkgefäße oder einfach dekorative Figuren fertigen möchten. Letztlich brauchen Sie noch ein extra Gefäß zum Gießen des Tons (sogenanntes *Schüttgefäß*) und ein paar Gummi- und Spannbänder, um die Form sicher und fest zu verschließen, nachdem der Ton drin ist.

Die Tonmasse muss, wie zuvor schon einmal erwähnt, zunächst angerührt werden. Danach kann sie gegossen werden. Sie sollten jedoch die Gießform vorher überprüfen. Wenn Sie eine Neue nutzen, dann schauen Sie dennoch zur Sicherheit, ob sie in Ordnung ist und keine Macken besitzt – nicht, dass der Ton noch ausläuft oder unschöne Kanten sichtbar werden. Wenn Sie die Form bereits gebraucht haben (oder eine gebrauchte bekommen haben), dann prüfen Sie die Form sicherheitshalber auch auf Tonreste und generelle Sauberkeit. Denn auch kleinste Tonreste können unschöne Ergebnisse hervorbringen. Ist alles in Ordnung, kann man mit dem Tongießen beginnen.

Zunächst wird die benötigte Menge in das Schüttgefäß gegeben – die richtige Menge ist wichtig. Es darf nicht zu wenig sein, denn die Form muss wirklich komplett ausgefüllt werden. Doch es sollte auch nicht zu viel sein, um schöne Ränder oder das Überlaufen zu vermeiden. Seien Sie also vorsichtig und gießen Sie langsam. Besser ist es übrigens, ein wenig zu viel Ton parat zu haben als zu wenig, da das Gießen besser nicht unterbrochen werden sollte. Ansonsten können am Ende unschöne Ränder entstehen. Bei größeren Formen sollten Sie außerdem darauf achten, den Ton langsam von den Seiten herunterzugießen, damit er sich nicht zu schnell am Boden absetzt. Wenn Sie den Ton später aus der Form entnehmen, dann bringen Sie die Form auf eine saubere und möglichst große Arbeitsfläche. Sie können mit einem Messer die Form leichter lösen, dafür gibt es normalerweise extra markierte Kanten, an denen Sie ansetzen können. Nutzen Sie jedoch besser wirklich nur diese Stellen, um unschöne Kratzer an Ihrem fertigen Werk zu vermeiden. Seien Sie vorsichtig bei der Entnahme und lassen Sie das Werkstück am Ende nochmals ausreichend trocknen, damit es später ausreichend hart ist und weiterverarbeitet werden kann. In der Zwischenzeit sollten Sie die Form bereits gründlich reinigen, damit nichts anklebt und antrocknet. Die Form sollte danach noch zum Trocknen draußen gelassen, jedoch bereits sorgfältig mit Spannbändern fixiert werden, damit Sie sich durch die veränderte Feuchtigkeit und Luft nicht verzieht und auch bei der nächsten Verwendung noch ordentlich schließt.

Detaillierte Anweisungen bekommen Sie normalerweise auch im Fachhandel bzw. sind solche den Formen oder Mischungen beigelegt. Tongießen ist nicht besonders kompliziert, es gibt nur ein paar kleinere Dinge zu beachten, wie etwa das Fixieren der Form, das saubere Gießen usw. Doch wenn Sie das erst einmal verinnerlicht haben, dann werden Sie im Nu ein wahrer Gieß-Experte.

TERRACOTTA

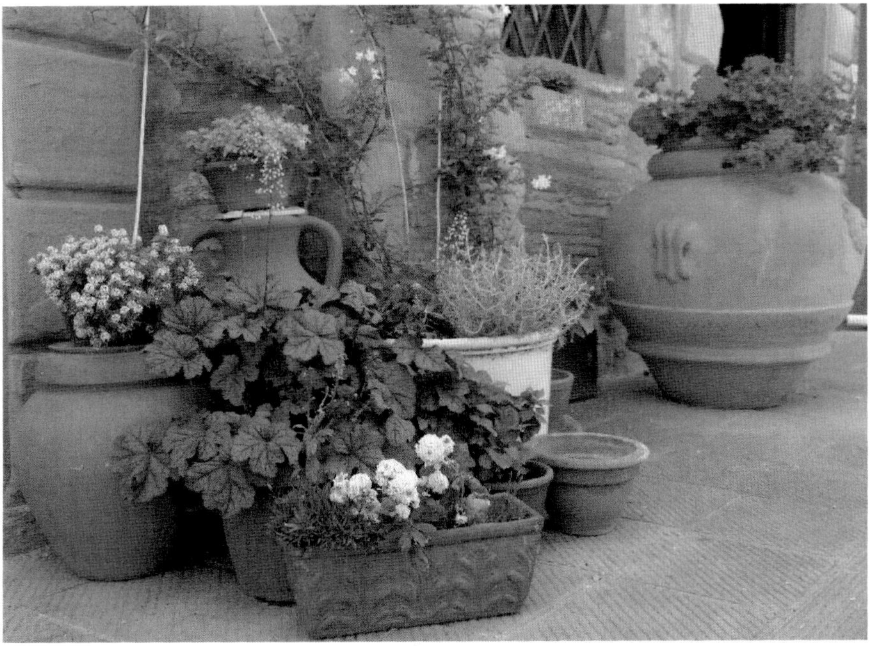

Terracotta (im Deutschen auch *Terrakotta* geschrieben) bezeichnet unglasierte Tonprodukte. Typisch für Terracotta ist der natürliche rötlich-erdige Farbton. Dieser Farbton wird daher übrigens auch als *Terracotta* bezeichnet. Meist wird roter, seltener auch gelblicher, Ton für Terracottaprodukte verwendet. Der Name Terracotta kommt aus dem Italienischen und bedeutet *gebrannte Erde*. Man erkennt also auch hier wieder das typische Brennen der Tonprodukte.

Terracottaprodukte finden schon seit vielen hundert Jahren Anwendung. Im Gegensatz zu vielen anderen Tonprodukten muss Terracotta nur einmal gebrannt werden, und das bei verhältnismäßig niedrigen Temperaturen (bis zu 1000 Grad). Diese Eigenschaften und auch die Tatsache, dass Terracotta-Ton leicht zu bearbeiten ist, machen Terracotta besonders beliebt und gerade für Anfänger gut geeignet. Außerdem ist es aufgrund seines hohen Vorkommens meistens recht günstig herzustellen – den geeigneten Ton gibt es normalerweise sehr preiswert im Handel.

Eine besondere Form des Terracotta ist die sogenannte *Impruneta*, eine Sorte des Terracotta-Tons, die besonders reich an Mineralien und Eisenoxiden ist, was ihr besondere Eigenschaften verleiht. Sie ist frostfester (Terracotta selbst ist in der Regel leider nicht besonders frostfest) und kann bei hohen Temperaturen gebrannt werden. Ihren Namen hat sie ebenfalls aus dem Italienischen, nämlich aus einem toskanischen Ort namens *Impruneta*, wo der Ton herkommt. Impruneta ist also wesentlich stabiler als regulärer Terracotta-Ton, doch leider auch wesentlich teurer.

Da Terracotta in der Regel nicht besonders frostfest ist, empfiehlt es sich für Dekorationen und andere Gegenstände, die ganzjährig draußen stehen sollen, Impruneta zu verwenden. Oder aber Sie stellen Ihre Terracottaprodukte unter ein gutes Abdach. Es ist nämlich vorwiegend nicht die Kälte, sondern die Nässe, die Terracotta brüchig machen kann.

In jedem Fall sieht Terracotta aufgrund seines warmen Farbtons besonders schön und naturnah aus und ist daher nach wie vor besonders beliebt für alle möglichen Gartenobjekte. Stellen Sie Ihre eigenen Terracotta-Gegenstände her und Sie bringen ein wenig Mittelmeer-Flair in Ihr Eigenheim!

TECHNIKEN IM DETAIL

Beim Töpfern gibt es verschiedenen Techniken, die Sie anwenden können. Diese sollten Sie bestenfalls nicht nur in der Theorie kennenlernen, sondern auch ausprobieren. Damit Sie hier schon einmal wissen, worum es geht, werden Ihnen die Techniken möglichst detailliert nahegebracht. Lernen Sie alles, was Sie im theoretischen Bereich dazu wissen müssen, und probieren Sie sich nach und nach ein wenig aus. Die verschiedenen Techniken für verschiedene Werke anzuwenden, fördert Ihre Kreativität und bringt Abwechslung in Ihr neues Hobby!

Aufbautechnik

Die einfachste Technik und die beste zum Starten ist die Aufbautechnik. Wie bereits kurz einmal erwähnt, wird hier der Ton, wie der Name schon verraten lässt, aufeinander aufgebaut. Dabei benötigt man häufig zunächst eine Grundfläche, die aus ausgerolltem Ton besteht. Die Form der Fläche ist dabei einerseits völlig egal, sollte andererseits aber die Grundform des späteren Werks darstellen – also kann sie ganz nach Ihrem Belieben und Ihren Vorstellungen rund, eckig, oval oder vollkommen anders aussehen. Auf dieser Fläche bauen Sie dann Ton auf. Der Ton kann dabei in Platten, Rollen oder sonstigen Formen aufgebaut werden. Platten können dabei ein wenig instabil sein, doch wenn Sie sie sorgsam und nicht zu dünn ausrollen, können Sie auch sehr schöne dünne Wände ergeben. Rollen oder Wüste sind womöglich ein wenig einfacher zu handhaben. Sie geben außerdem mehr Stabilität und sind daher besonders dafür geeignet, hohe Gefäße herzustellen. Sie legen sie rundherum an die Ränder Ihres Gefäßes und kleben Sie an. Dieses Ankleben wird mit Wasser und Schlicker gefertigt. Auch beim Aufbauen brauchen Sie also wie beim Drehen ein Gefäß mit Wasser und Schlicker an Ihrer Seite. Damit streichen Sie dann die

Wände glatt und füllen sorgfältig alle Lücken. Es darf am Ende kein Luftloch mehr da sein, da der Ton sonst beim Trocknen oder Brennen brüchig werden kann. Arbeiten Sie also mit ausreichend Geduld und Sorgfalt.

Streichen Sie die Wände schön glatt, damit sie von außen ordentlich und sauber gearbeitet aussehen. Auch die Innenseiten sollten Sie dabei nicht vergessen. Falls Sie möchten, können Sie am Ende noch ein Muster in den noch feuchten Ton bringen.

Aushöhltechnik

Auch die Aushöhltechnik bzw. das Aushöhlen ist eine beliebte und gerade für Anfänger gut geeignete Technik, um Ton zu bearbeiten. Dabei nimmt man einen ausreichend großen Tonklumpen und bringt ihn in Kugelform – auch hier zuvor das Durchkneten nicht vergessen, um Luft zu entlassen. Danach wird ein Loch in die Mitte gedrückt und es wird so lange vergrößert und von innen bearbeitet, bis die gewünschte Gefäßform erreicht ist. Achten Sie beim Vergrößern des Hohlraums darauf, dass Ihre Hände ausreichend feucht bleiben, damit sich der Ton weiterhin gut verarbeiten lässt. Außerdem ist es beim Aushöhlen auch wichtig, besonders auf die Dicke der Wände und Ränder zu achten – denn beim Aushöhlen geraten diese leicht ein wenig zu dick. Und während man normalerweise eher aufpassen muss, die Ränder nicht zu dünn werden zu lassen, besteht auch bei zu dicken Rändern und Wänden die Gefahr, dass das Gefäß den Brennvorgang nicht übersteht. Besonders dicke Tonklumpen können beim Brennen nämlich reißen oder sogar platzen. Um das zu vermeiden, arbeiten Sie mit Geduld, bis die Ränder wirklich dünn genug für ein ordentliches Gefäß sind, und seien Sie auch besonders sorgsam beim Entgegenwirken von Luftblasen. Dann sollte in der Regel nichts schief gehen. Keine Sorge – das nötige Feingefühl haben Sie mit ein wenig Übung sicherlich schnell verinnerlicht.

Das Drehen

Das Drehen wurde Ihnen in einer Grundanleitung schon recht detailliert nahegebracht. Es ist wahrscheinlich die bekannteste und beliebteste Methode beim Töpfern, wenn es auch ein wenig kniffliger ist als das Aushöhlen oder Aufbauen. Selbst erfahrenen Töpfern passiert es leider hin und wieder, dass der Ton auf der Scheibe in sich zusammenfällt. Das ist zwar nicht besonders erfreulich, doch kleine Fehler passieren bei jedem Handwerk hin und wieder und man darf sich davon nicht entmutigen lassen. Arbeiten Sie zu Beginn mit langsamer Drehgeschwindigkeit und arbeiten Sie sich hoch. Passen Sie auf, dass der Ton wirklich mittig zentriert ist, da er sich sonst in eine Richtung ausbuchtet und schließlich in sich zusammenfällt. Sobald Sie etwas geübter sind, können Sie mit höherer Geschwindigkeit arbeiten, ohne allzu viele Fehlschläge zu erleben. Und die Freude wird diese kleinen Rückschläge sicherlich ganz schnell wett machen!

Nerikomi – die Exotin unter den Techniken

Neben den oben genannten bekannteren Techniken gibt es natürlich noch ein paar weitere, etwas spezieller Techniken. Dazu gehören Nerikomi bzw. *Neriage* oder *Millefiori* genannt. Und auch, wenn Sie nicht so bekannt ist, sollten Sie einen Blick auf diese Technik werfen, denn es kann eine große Menge Freude bereiten, sich einmal an anderen Techniken auszuprobieren und etwas Neues zu entdecken. Streng genommen bezeichnen diese Namen übrigens alle drei verschiedene Techniken, die zueinander nur kleine Unterschiede aufweisen. Daher verwenden einige Leute sie nahezu synonym.

Hintergrundinformationen

Neriage ist eigentlich die Bezeichnung für Gefäße, welche aus farbigem Ton gedreht wurden. Millefiori hingegen bezeichnet ursprünglich eine alte Glas-Mosaik-Technik. Diese Kunst stammt bereits aus der Antike und wurde in Italien im 16. Jahrhundert sozusagen wiederbelebt. Und Nerikomi schließlich ist ebenfalls eine alte Mosaik-Technik, bei der jedoch aus kleinen bunten Bildern eine Basis für Porzellan-Gefäße geschaffen wird. Sie merken schon, gemeinsam haben alle Techniken, dass es sich hier um bunte und farbenfrohe Gefäße handelt.

Man vermutet heute, dass Nerikomi ursprünglich aus China stammt. Praktiziert wird diese Technik jedoch heutzutage vorwiegend in Japan und in Nord- sowie Südkorea.

Eine weitere Gemeinsamkeit der drei Techniken liegt darin, dass die farbenfrohen Muster nicht nur außen, sondern auch auf der Innenseite sichtbar sind. Das gelingt dergestalt, dass dünne Platten oder Streifen zu Mustern zusammengesetzt werden, die dann geometrische und abstrakte Muster bilden. Anschließend werden diese in Scheiben geschnitten. Diese Scheiben werden schließlich so angeordnet, dass sie entweder das ganze Gefäß zusammen bilden oder eben einen Teil der Verzierung.

Eine einfache Anleitung

Nerikomi können Sie mit ein wenig Übung auch in Ihr Töpferatelier bringen. Dazu benötigen Sie mindestens vier verschiedene Ton-Arten, jeweils in unterschiedlichen Farben. Grob gesagt gehen Sie dann wie folgt vor:

Kneten Sie den Ton getrennt voneinander gut durch, um Luft herauszuschlagen – also ganz normal, wie bei jedem anderen Vorgang auch. Dann suchen Sie sich eine Farbe aus, die Sie als *Hauptfarbe* nutzen möchten, und Rollen diesen Ton zu einer Platte aus, die in etwa so groß ist, wie Ihr Gefäß später werden soll. Aus den anderen drei Tonfarben fertigen Sie jeweils 2 Streifen einer Farbe an, die etwa 5 cm breit und alle gleich lang sind. Legen Sie diese zur Seite und bereiten Sie ein Gefäß mit Tonschlicker vor. Nehmen Sie dafür am besten weißen Ton oder die hellste Farbe der Tonsorten, die Sie nutzen. Dann geht es an die Musterbildung. Rauen Sie z. B. mit einer Gabel einen der Tonstreifen auf – der Einfachheit halber nennen wir die Farbstreifen nun *Farbe 1-3*. Nehmen Sie also den Streifen *Farbe 1*, rauen Sie ihn auf und tragen Sie ein wenig Tonschlicker als Klebemasse auf. Nehmen Sie nun einen Streifen von *Farbe 2* und drücken Sie ihn auf den ersten Streifen.

Nun drehen Sie die Streifen, sodass *Farbe 1* wieder oben liegt, rauen auch diese Seite auf, bringen Tonschlicker an und kleben *Farbe 3* oben drauf.

Wiederholen Sie das Ganze mit den anderen Streifen. Am Ende kleben Sie beide bunten Streifen aufeinander. Schneiden Sie die Enden so ab, dass alle Seiten glatt und gerade sind. Vorsichtig können Sie den Streifen nun ein wenig in Wellen legen und nochmals leicht aneinanderdrücken, sodass er auch sicher in sich zusammenklebt.

Von diesem Musterstrang können Sie nun mit einem Schneidedraht ca. 5 mm dicke Scheiben abschneiden. Diese können dann nach Belieben auf der Tonplatte der anderen Farbe angeordnet und verteilt werden. Am besten machen Sie dies erst einmal lose und vorsichtig, so können Sie ein wenig hin und her probieren. Verschieben Sie die Platten nach Ihrem Belieben und schauen Sie sich die Anordnungsmöglichkeiten an. Sie müssen ja nicht alle Scheiben verwenden, können dies aber natürlich – es bleibt ganz Ihrer Vorstellung und Ihrem Geschmack überlassen. Wenn Sie schließlich eine Anordnung gefunden haben, die Ihnen gefällt, dann können Sie die Scheiben wieder mit der Gabel aufrauen und nach und nach an ihre Plätze kleben. Am besten rauen Sie auch die Tonplatte an der entsprechenden Stelle auf.

Nutzen Sie abermals den Tonschlicker als Klebstoff und fixieren Sie so die Musterscheiben. Sie können die Tonscheiben auch leicht mit der Hand andrücken.

Danach geht es daran, aus dieser Konstruktion wieder eine einzige schöne Tonplatte herzustellen. Dazu bearbeiten Sie das Gebilde mit einem Nudelholz. Rollen Sie vorsichtig mit leichtem Druck so lange über die Platte, bis die Scheiben so sehr eingedrückt sind, dass es sich wieder um eine homogene Masse handelt. Dazu wenden Sie die Platte während des Vorgangs mehrfach und rollen sie von beiden Seiten.

Sobald das gelungen ist, können Sie die Tonplatte so zurechtschneiden, dass sich die Grundform des Gefäßes (etwa eine Schale) ergibt. Mit den Händen können Sie diese dann formen. Natürlich können Sie anstatt dessen auch ein bereits vorhandenes Gefäß als Vorlage nehmen und die Platte zum Abbilden nutzen. Sobald die gewünschte Form erreicht ist, lassen Sie das Gefäß ein wenig trocknen. Nach dem Trocknen sollten Sie das Gefäß außerdem schleifen. Dazu nehmen Sie z.B. einfaches Schleifpapier und schmirgeln ganz langsam und vorsichtig zunächst alle Ränder glatt. Schleifen Sie auch die Oberflächen sowohl innen als auch außen leicht, damit die Muster und Farben besser sichtbar werden.

Nach dem Schleifvorgang kann Ihr Gefäß dann gebrannt werden.

Wenn Sie möchten, können Sie das Gefäß auch mit einer transparenten Glasur überziehen. Dadurch kommen die Farben noch stärker und leuchtender zur Geltung. Alternativ funktioniert dies auch mit einem zweiten Schleifvorgang und einer Bienenwachspolitur.

Und schon haben Sie Ihr erstes Nerikomi-Gefäß hergestellt! Herzlichen Glückwunsch!

Zusammenfassung

Das waren nun bereits eine ganze Menge Informationen über die verschiedensten Techniken, mit denen Sie ein wenig experimentieren können. Praxiserfahrung ist wirklich alles. Beginnen Sie ruhig mit den einfachen Techniken und heben Sie sich die komplizierteren für später auf – es wird umso mehr Freude machen, wenn Sie bereits ein Gefühl für die Töpferei bekommen haben. Natürlich gibt es auch noch mehr ausgefallenere Techniken, doch es würde den Rahmen dieses Buches sprengen, diese alle detailliert zu erklären. Hier haben Sie nun aber schon einen guten Überblick über die Basis und ein paar Extras erhalten und können bald schon starten und herausfinden, was Sie am meisten begeistert!

Töpfern Schritt für Schritt

Nun geht es langsam endlich an die Praxis! Im Folgenden wird Ihnen Schritt für Schritt praxisnah erklärt, wie Sie das Töpfern am besten angehen. Üben Sie anhand einer einfachen Vorübung und probieren Sie sich aus. Beachten Sie jedoch stets notwendige Sicherheitshinweise – keine Sorge, Töpfern ist kein gefährliches Handwerk. Ein paar Kleinigkeiten, die es zu beachten gilt, gibt es jedoch natürlich auch hier. Doch dann kann es endlich an die ersten Projekte gehen!

EINFACHE VORÜBUNG

Eine einfache Vorübung wird Ihnen den Einstieg in die Praxis der Töpferei sicherlich erleichtern. Lernen Sie hier, wie Sie am besten anfangen, mit Ton umzugehen.

Überlegen Sie sich eine leichte Form, die Sie bearbeiten möchten – wenn Sie ein Ergebnis vor Augen haben, möge es noch so simpel erscheinen, macht es schon viel mehr Freude. Dies kann, je nachdem, ob Sie schon einmal mit Ton gearbeitet haben oder ihn noch nie in der Hand hatten, entweder eine einfache Form oder Figur sein oder sogar eine kleine Schale. Als Form können Sie zum Beispiel ein Herz oder einen Halbmond wählen oder vielleicht sogar einfach etwas ausstechen – es geht hier schließlich zunächst nur um das richtige Gefühl bei der Arbeit mit Ton!

Schneiden Sie dann ein Stück Ton ab, das groß genug für Ihre Vorübung ist, jedoch auch nicht viel größer, um keinen Ton zu verschwenden. Wenn Sie das getan haben, müssen Sie den Ton mit den Händen bearbeiten – wie gesagt, es ist wichtig, ein Gefühl für den Ton zu entwickeln. Kneten Sie ihn auf einer geeigneten Oberfläche gut durch und versuchen Sie dabei, vor allem darauf zu achten, die Luft heraus zu kneten, bis die Masse geschmeidig ist. Danach können Sie anfangen, den Ton zu formen – bei Ihrer ersten Vorübung können Sie dabei ruhig ein wenig hin und her probieren und verschiedene Formen austesten. Kneten Sie den Ton, gewinnen Sie eine Vorstellung davon, wie er sich anfühlt, wenn er noch frisch ist, und wie er sich anfühlt, sobald er gut durchgeknetet ist. Und formen Sie dann eine kleine Figur wie ein Herz oder einen (dünnen) Halbmond. Oder stechen Sie eine Figur aus. Dazu müssen Sie den Ton jedoch vorher ausrollen. Probieren Sie doch bei der Vorübung einfach beides einmal aus – erst die Figur und dann wieder durchkneten und ausrollen. Sie können den Ton auch teilen und versuchen, ihn mit Hilfe von Schlicker wieder zusammenzufügen, um so das Glattstreichen der Ränder zu üben. Und wenn Sie immer noch weiter testen möchten, dann können Sie den Ton auch noch einmal zusammen kneten und versuchen, mit der Aushöhltechnik eine kleine, möglichst nicht zu dickwandige Schale zu formen. Gewinnen Sie ein wenig Feingefühl und lernen Sie mit leichten Praxisübungen.

ANWENDUNGSANLEITUNG

Hier bekommen Sie eine detaillierte Anwendungsanleitung für Ihre ersten Vorübungen. Schritt für Schritt kann daraus sogar eine erste kleine Probearbeit werden. Seien Sie gespannt!

1. Ton in der richtigen Größe schneiden

Normalerweise sollten Sie den Ton ein wenig größer schneiden, als Ihr Werk am Ende sein sollte, da der Ton beim Trocknen und Brennen noch schrumpft. Doch da es sich hier nur um eine einfache Vorübung handelt, ist die Größe nicht sonderlich wichtig. Allerdings bietet es sich an, zu beobachten, wie viel Masse der Ton verliert, da Sie so später ein besseres Gefühl dafür haben, wie groß das Stück Ton sein soll. Fotografieren Sie es ggf. sogar ab und machen Sie ein Vorher-Nachher-Bild daraus, das Sie an die richtige Menge erinnert. Das kann gerade am Anfang durchaus hilfreich sein.

2. Richtig kneten

Kneten Sie den Ton nun eine Weile durch. Arbeiten Sie dabei auf einer sauberen Fläche – wie zuvor bereits erwähnt, bieten sich Holzflächen durchaus an, da der Ton hier nicht kleben bleibt. Kneten Sie den Ton gründlich, denn er soll ja, wie gesagt, jegliche Luft verlieren. Seien Sie dabei möglichst nicht zu hart, sondern ruhig ein wenig sanfter, um ein gutes Gefühl für den Ton zu entwickeln. Sie können jedoch auch gerne ein wenig hin und her experimentieren und einmal etwas sanfter, einmal etwas härter kneten – wichtig ist nur, dass am Ende möglichst viel Luft raus ist, damit der Ton nicht brüchig wird.

3. Formen oder Ausrollen

Formen Sie den Ton anschließend nach Ihrem Belieben. Sie können entweder eine einfache kleine Figur mit den Händen herstellen oder aber Sie rollen den Ton aus und stechen eine Figur mit einer Ausstechform aus. Dazu verwenden Sie dann ein einfaches Nudelholz und bringen den Tonklumpen zu einer flachen Plattenform. Achten Sie darauf, dass die Platte recht dünn, aber auch nicht zu dünn ist, damit sie nicht reißt. Sie können auch Frischhaltefolie zur Hilfe nehmen, wenn der Ton kleben sollte. Wenn Sie nicht nur eine Form ausstechen möchten, sondern mehrere, dann tauchen Sie die Form zwischen den einzelnen Vorgängen in eine Schale mit warmem Wasser. Auch dies verhindert, dass der Ton an der Form festklebt. Wenn Sie den Ton zwischen Folie ausgerollt haben, dann sollten Sie die Folie leicht abziehen bzw. die ausgestochenen Formen einfach von der unteren Folie lösen können. Falls keine Folie notwendig war, nutzen Sie am besten einen dünnen Schneidedraht, um die Form sorgfältig und ohne sie zu brechen oder zu zerdrücken von der Arbeitsfläche lösen zu können.

Wenn Sie die Aushöhltechnik ausprobieren möchten, dann können Sie natürlich auch damit beginnen und den Ton einfach nach dem Kneten zu einer Kugel formen. Am besten kneten Sie den Ton auch ein wenig in die Kugelform, damit keine Luft entsteht. Dann drücken Sie mit dem Daumen ein Loch in die Mitte und beginnen, dieses zu vergrößern, indem Sie die Kugel von innen ausdrücken. Beim Aushöhlen wird der Ton in der

Regel also nicht wirklich komplett ausgekratzt, sondern eher so bearbeitet, dass sich ein Hohlkörper in der Mitte bildet und ausdehnt. So haben Sie am Ende ein größeres Gefäß, verschwenden keinen Ton und können stabile Wände und Böden bilden. Achten Sie gerade bei dieser Technik darauf, dass die Hände und der Ton immer feucht genug sind.

4. Glattstreichen

Wenn es notwendig ist, nehmen Sie sich Zeit, die Form und insbesondere die Ränder feucht glatt zu streichen. Das ist ebenfalls gut zur Übung. Auch wenn es also nicht wirklich notwendig ist, können Sie ruhig ein wenig mit Wasser und Schlicker arbeiten und ein Gefühl dafür entwickeln.

5. Muster

Wenn Sie mögen, können Sie am Ende nun noch ein wenig mit Mustern und Strukturen spielen. Sie können zum Beispiel Muster leicht eindrücken, einkratzen oder Stempel benutzen. Alternativ können Sie auch kleine Tischdecken nutzen und den Ton darauf ausrollen oder z. B. ausgestochene Formen noch leicht darauf pressen. Schauen Sie ein bisschen, was Sie dahaben und was Ihnen gefällt.

6. Brennen, trocknen lassen oder nochmals durchkneten?

Nun ist es eine Überlegung wert, ob Sie den Ton nochmals verarbeiten möchten oder nicht. Haben Sie womöglich sogar eine hübsche kleine Schale geformt? Dann möchten Sie diese vielleicht sogar brennen. Wenn Sie mit Soft-Ton experimentiert haben, dann können Sie den Ton auch einfach trocknen lassen. Oder aber Sie kneten den Ton am Ende noch einmal gut durch und fangen von vorne an, um ein wenig mehr Erfahrung zu sammeln und ein bisschen mehr mit den Techniken zu spielen –

dafür müssen Sie schließlich nicht jedes Mal ein neues Stück Ton verschwenden. Schließlich bleibt Ihnen natürlich auch noch die Möglichkeit, den Ton wieder zu einem Klumpen zu formen und trocknen zu lassen – dann können Sie direkt in den nächsten Tagen testen, wie gut Sie Ihren getrockneten Ton wieder aufbereiten können. Auch dies ist eine tolle Übung, da es in Zukunft vielleicht einmal notwendig sein wird, getrockneten Ton wieder herzurichten. Keine Sorge, dies ist tatsächlich ziemlich einfach. Sie lassen Ihren Ton-Klumpen erst vollständig trocknen und wenn Sie zurückkommen, dann brechen bzw. zerschlagen Sie ihn in kleine Stücke, geben diese in eine Schale und begießen die Tonscherben mit Wasser. Lassen Sie den Ton das Wasser aufnehmen und kneten Sie ihn anschließend wieder gut durch. Wenn er zu feucht ist, können Sie ihn einfach noch ein wenig trocknen lassen – aber passen Sie auf, dass er nicht wieder zu trocken wird, sonst müssen Sie wieder von vorne anfangen.

Und so schnell können Sie schon ein wenig Praxiserfahrung in der Töpferei sammeln. Spielen Sie etwas mit dem Ton herum und sobald Sie ein wenig Gefühl für dieses weiche Material haben, können Sie sich auch schon an erste kleine Werke wagen.

SICHERHEITSHINWEISE

Töpfern ist mit Sicherheit kein besonders gefährliches Handwerk. Das eher geschmeidige Arbeitsmaterial und die Werkzeuge, die Sie beim Töpfern nutzen, birgen in der Regel keine besondere Verletzungsgefahr. Ein paar Sicherheitshinweise haben wir für Sie dennoch zusammengestellt, denn wie bei allen anderen Dingen des Lebens gibt es auch bei der Töpferei ein paar Dinge, die Sie besser beachten sollten, damit nichts schief geht.

Die Töpferwerkstatt

Die Töpferwerkstatt zuhause sollte ein gut belüfteter Raum sein, der im besten Fall auch über einen Wasseranschluss verfügt. Das heißt, der Raum sollte definitiv eines oder mehrere Fenster haben und insgesamt besser Oberflächen haben, die gut zu reinigen sind, etwa glattes Holz für die Arbeitsfläche und z. B. Fliesen auf dem Boden. So schaffen Sie sich das ideale Arbeitsumfeld. Auch sollten einige Grundregeln in der Werkstatt gelten, wie etwa, dort nicht zu rauchen und keine offenen Lebensmittel und Getränke dort zu lassen. Das Essen und Werkeln sollten Sie allgemein lieber trennen. Und zu guter Letzt sollten Sie sicherheitshalber auch einen Verbandskasten parat haben, sodass Sie eventuelle Schnittverletzungen oder ähnliche Wunden sofort reinigen und versorgen können.

Beim Reinigen nach der Arbeit sollten Sie darauf achten, wirklich gründlich zu sein. Saugen Sie den Boden lieber, anstatt ihn zu fegen, denn beim Fegen wird mehr Staub aufgewirbelt. Feuchtes Wischen im Nachhinein ist auch absolut empfehlenswert. Schlickreste birgen sonst ein Ausrutschrisiko und Glasuren und Farben können auf der Haut unangenehme Reizungen entstehen lassen und obendrein auch Ihre Kleidung ruinieren. Wenn es möglich ist, sollten Sie außerdem dafür sorgen, dass die Schlickreste und Farbreste nicht ins Abwasser gelangen, da diese für die Natur ebenfalls belastend sind. Außerdem kann der Schlick im schlimmsten Fall auch die Rohre verstopfen. Eine ordentliche Entsorgung ist daher wichtig.

Schutzutensilien

Aufwendige Schutzkleidung brauchen Sie beim Töpfern nicht. Dennoch gibt es hin und wieder Situationen, in denen Sie lieber ein paar Utensilien zum eigenen Schutz benutzen sollten – wenn Sie etwa mit Farbstoffen arbeiten, sollten Sie sicherheitshalber Schutzhandschuhe tragen. Dies gilt auch für das Schmirgeln von rohgebranntem oder getrocknetem Ton, da dieser schnell splittern kann. Tragen Sie hier also unbedingt feste, dickere Handschuhe.

In wenigen Fällen kann auch eine Atemschutzmaske/ein Mundschutz von Vorteil sein, etwa, wenn es sich bei den Farben um Pulver handelt, da diese Farbstoffe durchaus ungesunde/ giftige Stoffe enthalten können, die Sie lieber nicht aufnehmen sollten. Bei Glasuren in flüssiger Form brauchen Sie meist keinen Mund- und Nasenschutz, da keine Staubpartikel entstehen, die Sie ungewollt einatmen. Sollten Sie bei getrocknetem Ton oder bei rohgebrannten Töpferwaren das Schmirgeln zur Nachbearbeitung anwenden, dann sollten Sie auch hier einen Schutz für die Atemwege tragen, denn dabei können ebenfalls Staubpartikel entstehen.

Achten Sie beim Kauf von Farben besser darauf, dass Sie möglichst ungiftige Farben nehmen. Das ist gesünder für Sie und die Umwelt. Für das Glasieren von Tellern oder anderen Waren, von denen gegessen oder aus denen getrunken werden soll, sind ohnehin keine Glasuren mit Schwermetallen erlaubt.

Hygienemaßnahmen

Ein paar Hygienemaßnahmen sollten Sie ebenfalls immer im Kopf behalten. Eine saubere und aufgeräumte Werkstatt ist immer hilfreich. Achten Sie auch beim Arbeiten darauf, sich regelmäßig die Hände zu waschen und die dreckigen Hände möglichst nicht an der Schürze abzuschmieren. Kleidung sollte regelmäßig gewaschen werden, damit sich kein Staub bildet. Dreckige und offene Wunden sollten augenblicklich gesäubert und desinfiziert werden – Ton ist ein Naturprodukt und kann daher Keime enthalten, wodurch sich offene Wunden entzünden können. Und offene Haare sollten, wenn möglich, vermieden werden – binden Sie also alle Haare, die lang genug sind, zu einem Zopf zusammen oder stecken Sie sie hoch.

Der Brennofen

Ein paar Sicherheitshinweise sollten Sie auch bzw. gerade beim Brennofen beachten. Wie Sie im Kapitel Brennofen noch genauer erfahren werden, ist grundsätzlich zu beachten, dass er in einem Raum steht, der gut belüftet ist, und dass nichts Brennbares in unmittelbarer Nähe steht – denn der Ofen kann von außen sehr heiß werden! Achten Sie also darauf und seien Sie generell vorsichtig im Umgang mit dem Brennofen. Im Idealfall sollten Sie einen separaten Raum für ihn zur Verfügung haben oder ihn mit einem Schloss sichern, sodass niemand versehentlich den heißen Ofen öffnen kann. Außerdem muss der Brennofen auf einem feuerfesten Untergrund stehen. Weiterhin müssen bestimmte Sicherheitsabstände gewährleistet sein – die Unterlage des Ofens muss etwa an allen Seiten mindestens 25 cm größer sein als der Ofen selbst und es muss jeweils ein halber Meter Abstand zu allen anderen eventuell brennbaren Gegenständen und Wänden gehalten werden. Zur Decke hin muss sogar mindestens ein Meter Abstand gelassen werden. Sind diese Sicherheitsabstände nicht möglich, dann kann man auch zu einer Isolation rundherum greifen. Diese muss allerdings etwa viermal so groß wie der Ofen selbst sein und kann ziemlich kostspielig werden. Natürlich sollten Sie in jedem Fall vermeiden, brennbare Gegenstände in unmittelbarer Nähe des Ofens abzustellen. Sie sollten bestenfalls auch Hitzeschutzkleidung tragen und offene Haare vermeiden, wenn Sie am Ofen arbeiten. Und schließlich sind auch regelmäßige Sicherheitskontrollen des Ofens unumgänglich, um sicherzustellen, dass es zu keinen gefährlichen Defekten kommt. Näheres zum Brennofen finden Sie außerdem im Kapitel *Der Brennofen*. Sie sollten sich vor der Anschaffung eines eigenen Ofens jedoch ohnehin fachmännischen Rat einholen.

Entsorgung

Die Entsorgung von Ton- oder Schlickresten sollte, wie oben bereits erwähnt, nicht über das Abwasser stattfinden. Ein dreckiger Fußboden kann grundsätzlich mit dem Staubsauger gereinigt werden, wenn es sich um normale Arbeitsspuren und keine allzu großen Ton- oder Schlickreste handelt. Dass auch das Wischwasser im Anschluss ein wenig dreckig sein wird, ist leider unumgänglich, hält sich aber nach einem normalen Arbeitstag und ordentlichem Saugen noch in Grenzen. Größere und zahlreiche Tonreste sollten dagegen ordnungsgemäß entsorgt werden. Ton kann grundsätzlich als Bauschutt entsorgt werden. Glasuren und Rohstoffe können Sie außerdem in der Regel bei Ihrem Händler oder über spezielle Sammelstellen für Spezialabfälle entsorgen. Sie müssen dies nicht nach jedem Arbeitstag machen, aber in regelmäßigen Abständen wird es sich wahrscheinlich lohnen, da sich nach einer gewissen Zeit doch so einiges ansammeln kann.

Sie sehen also, alles in allem müssen Sie natürlich ein paar Dinge beachten, doch Töpfern ist ganz sicherlich kein gefährliches oder extrem aufwendiges Hobby!

WICHTIGE TIPPS

Bevor Sie loslegen, hier noch ein paar Tipps, damit Ihr erstes Projekt auch gelingt! Die 10 wichtigsten Tipps für Anfänger!

1. *Die richtige Menge Ton*

Schneiden Sie immer noch so viel Ton von der Hauptmasse ab, wie Sie auch tatsächlich für Ihr Werkstück benötigen. Wenn Sie zu viel abschneiden, verlieren Sie entweder kostbaren Ton oder Sie werden vielleicht versuchen, ihn wieder mit der Hauptmasse zu verbinden – doch das ist nicht immer so leicht. Es darf dabei nämlich möglichst keine Luft entstehen, sonst kann der Ton später brüchig werden.

2. *Kneten*

Kneten Sie den Ton noch einmal gut durch, bevor Sie ihn verwenden – so stellen Sie sicher, dass sich keine Luft mehr im Ton befindet. Diese würde sich sonst beim Brennen nämlich aufgrund der Hitze ausdehnen und den Ton porös und brüchig werden lassen. Seien Sie also sorgfältig und vorsichtig.

3. *Ausrollen*

Sollten Sie Ton für Ihr Werkstück ausrollen wollen, dann seien Sie auch hier behutsam und geduldig, damit die Masse nicht reißt und dann unter Mühe wieder zusammengeflickt werden muss. Sie können Plastikfolie zur Hilfe nutzen, wenn Sie Schwierigkeiten am Anfang haben, und dann den Ton zwischen zwei Folienschichten ausrollen. So lässt er sich besonders leicht abziehen. Wenn Sie ein schönes Muster in den Ton bringen möchten, gibt es dafür auch einen Trick: Rollen Sie den Ton auf einem gemusterten Tuch oder einer schönen Tischdecke aus – dieses Muster prägt sich dann bereits in den Ton, während Sie rollen.

4. *Tonteile miteinander verbinden*

Wenn Sie doch einmal zwei Teile miteinander verbinden müssen oder wollen, dann empfiehlt es sich, die Verbindungsstellen vorher leicht aufzurauen. So bleiben die Tonteile besser aneinanderhaften. Am besten bearbeiten Sie die Verbindungsstellen auch sorgfältig mit *Tonschlicker*, das ist schlichtweg nur eine Mischung aus Ton und Wasser, die besser klebt. Dazu befeuchten Sie die Tonteile einfach und vermischen diese mit den Händen zu Schlicker. Verbinden Sie damit die beiden Teile und streichen Sie auch auf die Ränder sorgfältig ein wenig Schlicker. Streichen Sie dann alles gut glatt. Wichtig ist auch hier wieder, darauf zu achten, dass sich möglichst keine Luft bildet.

5. *Schlicker und Wasser an der Drehscheibe*

Gerade an der Drehscheibe sollten Sie übrigens ebenfalls viel mit Schlicker und Wasser arbeiten. Damit der Ton sich gut verarbeiten lässt, sollte er beim Drehen die ganze Zeit feucht gehalten werden. Also achten Sie darauf, dass Sie ein Gefäß mit Wasser und ggf. eines mit Schlicker ständig griffbereit haben, damit Sie entspannt damit arbeiten können, während Sie drehen. Sie sollten Ihre Hände während des Drehens immer wieder befeuchten und das Drehen dabei nicht unterbrechen.

6. *Ton schrumpft*

Wir haben es bereits erwähnt, aber hier noch einmal auf den Punkt gebracht: Ton schrumpft beim Trocknen und beim Brennen stets ein wenig zusammen. Das liegt vorwiegend am Wasserverlust. Wenn Sie also Gegenstände in einer ganz bestimmten Größe herstellen möchten, dann sollten Sie die rohen Werkstücke stets ein wenig größer formen, als sie am Ende sein sollen. Nur so haben Sie auch nach dem Trocknen oder dem Brennvorgang noch ein Produkt in der von Ihnen gewünschten Größe.

7. Arbeiten mit Formen

Wenn Sie mit Ausstechformen oder anderen ähnlichen Materialien arbeiten, um Ton auszustechen oder zu schneiden, tunken Sie die Formen oder Klingen zwischendurch in heißes Wasser. So vermeiden Sie, dass sich einerseits dreckige und krümelige Kanten bilden, und andererseits auch, dass die Schneiden kleben. Der Ton lässt sich dann viel leichter lösen.

8. Glasieren

Glasieren Sie am besten immer innen zuerst. So können Sie die Außenseite zunächst besser trocknen lassen und dadurch kann die Glasur besser haften. Gerade bei der Außenseite soll die Glasur schließlich möglichst gut haften und schön aussehen.

9. Brennen

Wenn Sie viele Teile gleichzeitig brennen möchten, dann können Sie beim *Schrühbrand* durchaus mehrere Teile stapeln. Das macht beim Brennvorgang keinen Unterschied. Haben Sie jedoch nur wenige Teile, die alle gleichzeitig mit viel Platz in den Ofen passen, dann empfiehlt es sich, die Teile nicht zu eng zueinander zu stellen. Verteilen Sie lieber alles gleichmäßig auf die gesamte Fläche, das sorgt für einen besseren Brennvorgang und ein besseres Ergebnis.
Beim Glasurbrand dürfen sich die Werkstücke übrigens nicht berühren.

10. Getrockneten Ton wieder aufbereiten

Ist der Ton bei Ihnen einmal angetrocknet oder gar komplett getrocknet, bedeutet das zwar, dass Sie damit nicht direkt wieder arbeiten können, doch zum Glück bedeutet es auch nicht, dass Sie ihn direkt wegwerfen müssen. Sie können ihn mit ein wenig Aufwand wieder aufbereiten. Dazu zerkleinern Sie den Ton zunächst. Das können Sie am besten mit einem

Hammer oder einem ähnlichen harten Werkzeug anstellen. Sorgen Sie dafür, dass der Ton wirklich gut klein wird – es muss sich am Ende nicht um Krümel handeln, aber es sollten auch keine allzu groben Tonstücke mehr sein. Danach geben Sie alles in eine Schüssel und bedecken die Tonstücke gut mit Wasser. Das Ganze lassen Sie dann einen Tag lang ruhen. So kann der Ton das Wasser gut aufnehmen und er wird wieder weich. Am darauffolgenden Tag können Sie die Ton-Masse bereits wieder kneten. Dies sollten Sie auch sorgfältig tun. Meistens ist der Ton danach sogar noch zu nass, um ihn direkt weiter zu verarbeiten. Daher sollten Sie ihn entweder noch ein wenig ruhen lassen oder weiter auf einer Gipsplatte durchkneten. Lassen Sie ihn ruhen, dann sollten Sie darauf achten, dass er nicht zu sehr trocknet. Sonst war die ganze Arbeit umsonst und Sie können von vorne anfangen. Überprüfen Sie ihn daher regelmäßig alle paar Stunden. Eine Gipsplatte besitzt die wunderbare Eigenschaft, Wasser zu entziehen – wenn Sie den Ton also auf einer Gipsplatte durchkneten, wird nach und nach Wasser von dieser Platte entzogen, bis der Ton wieder die richtige Feuchtigkeit besitzt. Das erfordert ein wenig Muskelarbeit und Geduld, geht aber schneller und kontrollierter als das Trocknen. Im Prinzip ist beides gut geeignet, um den Ton wiederherzustellen, es ist lediglich eine Frage Ihrer Vorliebe und Geduld.

Das wären sie auch bereits – die zehn wichtigsten Tipps für das Arbeiten mit Ton! Weiter geht's!

BASISANLEITUNG FÜR EIN PROBESTÜCK

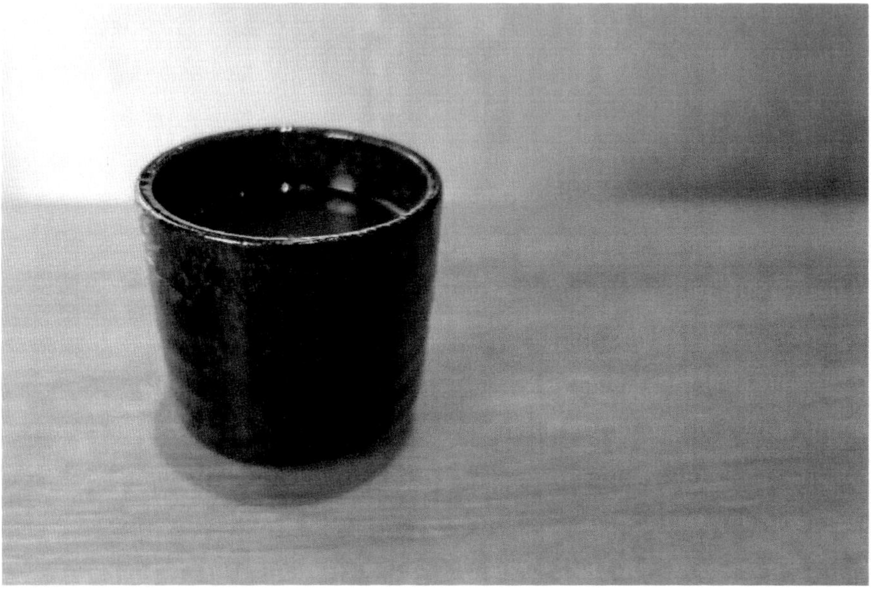

Zu Beginn sollten Sie ein Probestück anfertigen. Das hilft Ihnen, sich mit der Technik und vor allem mit dem Material vertraut zu machen, bevor es an die eigentlichen Projekte geht. Hier eine einfache Einleitung für eine erste Übung.

Für das erste Stück sollten Sie am besten einen einfach zu verarbeitenden Ton nutzen – etwa Terracotta-Ton oder Steingut, das niedrig gebrannt werden kann. Gerade beim Hantieren am Brennofen kann es zu Beginn von Vorteil sein, nur mit verhältnismäßig niedrigen Temperaturen zu arbeiten. Achten Sie darauf, zur Sicherheit lieber mit einem Ton ohne Schamotte zu beginnen, da dieser leichter zu bearbeiten ist und das Verletzungsrisiko deutlich geringer ist.

Anfangen können Sie mit einem ersten Probewerk in Form eines kleinen Bechers – Sie finden hier eine einfache Anleitung für ein erstes Probestück sowohl mit der Aushöhltechnik als auch mit dem Drehen. Probieren Sie beides ruhig einmal aus und lernen Sie die Unterschiede in der Praxis kennen.

Vorbereitung

Am Anfang sollten Sie Ihre Arbeitsfläche zurechtmachen, das heißt, Sie holen alle Utensilien zusammen und stellen sicher, dass Ihre Arbeitsfläche sauber und trocken ist. Dies sollten Sie grundsätzlich immer tun, gerade, wenn Sie noch am Anfang sind. Auf einer sauberen Arbeitsfläche arbeitet es sich viel ordentlicher und Sie haben außerdem nicht das Problem, dass Sie ständig aufstehen müssen, falls Sie etwas vergessen haben. Überprüfen Sie daher zunächst auch, ob wirklich alles parat liegt – die Holzunterlage zum Arbeiten? Ein Gefäß mit Wasser und eines mit Schlicker (oder auch ein leeres, indem Sie Schlicker vorbereiten können)? Ggf. Schneidedrähte und natürlich der Ton? Sitzen Sie auch nahe genug an der Drehscheibe, um das Wasser griffbereit zu haben? Perfekt! Falls Sie mehr Platz benötigen, stellen Sie das Wassergefäß später näher an Ihren Drehscheibenplatz.

Erste Schritte

Die ersten Schritte sind für beide Versionen genau gleich – Sie kennen diese aus der Theorie nun auch schon recht gut. Ein Stück Ton abschneiden, das ein wenig größer ist, als der Becher werden soll, und ordentlich durchkneten, damit keine Luft mehr vorhanden ist.

Arbeiten Sie auf jeden Fall sorgfältig und geduldig. Formen Sie dann den Ton zu einer Kugel.

Das Aushöhlen

Wenn Sie Ihr erstes Probewerk drehen möchten, können Sie diesen Abschnitt überspringen. Wenn Sie sich hingegen für die Aushöhltechnik entscheiden, dann starten Sie nun mit einem kleinen Loch in der Mitte des Klumpens, das Sie mit dem Daumen eindrücken. Langsam arbeiten Sie sich dann zu den Seiten vor. Formen Sie vorsichtig einen immer größer werdenden Hohlraum in der Mitte der Kugel und achten Sie dabei darauf, die Wände langsam nach oben zu ziehen. Es ist wichtig, auch in die Höhe zu bilden, denn am Ende soll ja eine schöne Becherform herauskommen. Drücken Sie also den Ton nicht nur zur Seite, sondern auch nach oben. Ziehen Sie ruhig mit beiden Händen auch die Wände ein wenig in die Höhe. Wichtig ist hierbei, dass Sie sorgsam und mit leichtem Druck arbeiten und die Hände immer feucht genug halten. So lässt sich der Ton gut verarbeiten. Machen Sie die Hände jedoch nicht zu nass, sonst kann das ganze Gebilde schnell instabil werden. Arbeiten Sie so lange mit Ihren Händen, bis der Tonklumpen die gewünschte Becherform erreicht hat. Achten Sie darauf, dass der Boden nicht zu dünn oder zu dick ist – Gleiches gilt für die Außenwände. Diese sollten auch gleichmäßig dick sein. Streichen Sie alles am Ende gut glatt. Wenn Sie möchten, können Sie nach Belieben noch dezente Muster eindrücken.

Das Drehen

Wenn Sie sich statt an der Aushöhltechnik lieber schon an der Drehscheibe ausprobieren möchten, dann können Sie hier lesen, wie es weitergeht!

Vorweg: Das Gefäß mit Wasser sollte nun wirklich griffbereit stehen, damit Sie beim Drehen die Hände immer schön feucht halten können bzw. nachbefeuchten, falls dies nötig sein sollte, ohne dabei aufstehen und das Drehen stoppen zu müssen. Um bestmögliche Ergebnisse zu erzielen, sollten Sie das Drehen nämlich nicht unterbrechen.

Bringen Sie den sorgfältig gekneteten Tonklumpen zur Drehscheibe und positionieren Sie ihn möglichst genau in der Mitte. Dann können Sie die Drehscheibe anstellen und mit Ihren Händen den Ton bearbeiten. Wie bereits oben im Kapitel *Grundanleitung zum Töpfern an der Drehscheibe* beschrieben, ist es wichtig, dass Sie zunächst den Ton in der Mitte zentrieren. Dafür benötigt es ein wenig Fingerspitzengefühl, aber umso besser ist es, dass Sie dies nun ein wenig mehr üben. Es bietet sich an, mit einer eher niedrigen Drehgeschwindigkeit zu drehen, bevor Sie etwas mehr Übung haben.

Es ist wichtig, dass der Ton in der Mitte zentriert ist, damit er nicht von der Drehscheibe fliegt oder in sich zusammenfällt.

Dann geht es an das sogenannte Aufbrechen, was Sie auch schon aus dem Kapitel *Grundanleitung zum Töpfern an der Drehscheibe* kennen. Dazu brechen Sie den Ton vorsichtig mit dem Finger in der Mitte auf. Das bedeutet, dass Sie auch hier vorsichtig ein Loch in die Mitte drücken und dieses langsam vergrößern. Arbeiten Sie auch hier vorsichtig und versuchen Sie, den Ton weiterhin in der Mitte zu behalten. Drücken Sie das Loch bis kurz vor den Punkt, an dem der Boden sein soll, hinunter. Bedenken Sie, dass Sie den Boden ein wenig dicker lassen sollten, als Sie es für das fertige Werk geplant haben, denn beim Herunternehmen des Bechers von der Drehscheibe kann noch einmal ein wenig Ton an selbiger kleben bleiben und dadurch dem fertigen Werkstück verloren gehen. Bearbeiten Sie dann zunächst den Boden, sodass er die notwendige Dicke und auch den gewünschten Durchmesser hat. Streichen Sie ihn dann sorgfältig glatt und eben. Wenn dies geschehen ist, geht es an die Wände.

Grundsätzlich werden die Wände bei jedem Gefäß auf der Drehscheibe von unten nach oben gezogen. Auch dies haben wir in der allgemeinen Anleitung bereits erklärt. Gehen Sie also bei Ihrem Becher auch hier so vor. Streichen Sie am Boden beginnend langsam die Wände hoch

– für diesen Schritt brauchen Sie unbedingt beide Hände. Zur Wiederholung: Achten Sie darauf, dass eine Ihrer Hände stets im Inneren des Gefäßes anliegt und die andere Hand von außen arbeitet. Dabei sieht der Grundgriff so aus, dass der Daumen der inneren Hand auf der äußeren Hand abgelegt wird. Währenddessen zieht die äußere Hand den Ton hoch und die innen arbeitende Hand dient sozusagen vorrangig als Stütze. Arbeiten Sie mit leichtem Druck, um den Ton wirklich zu bewegen, aber üben Sie auch nicht zu viel Kraft aus. Das könnte den Ton zerdrücken und zusammenfallen lassen. Wenn die Wände eine Höhe erreicht haben, mit der Sie zufrieden sind, und ebenfalls schön glatt aussehen, dann können Sie das Drehen stoppen.

Mithilfe eines Schneidedrahtes können Sie nun vorsichtig den Becher von der Drehscheibe ablösen. Dabei kann es, wie bereits erwähnt, durchaus vorkommen, dass Tonreste an der Scheibe kleben bleiben, doch das ist kein Problem. Dafür haben Sie schließlich extra ein wenig mehr Dicke für den Boden eingeplant. Seien Sie nicht enttäuscht, falls es doch misslingt oder der Boden gar am Ende doch dicker ist, als Sie es sich vorgestellt haben – das passiert nicht nur Anfängern hin und wieder. Mit der Zeit werden Sie aber recht genau heraushaben, wie dick der Boden der Gefäße sein sollte und wie Sie die Werke am besten von der Scheibe lösen.

Das Trocknen und Brennen

Nachdem Sie nun Ihr erstes Probewerkstück erfolgreich geformt haben, muss der Ton nur noch getrocknet und gebrannt werden. Dafür gilt zunächst Folgendes: Vor jedem Brennvorgang muss der Ton trocknen. Das kann etwa eine Woche dauern. Erst danach kann die Ware in den Brennofen gebracht werden. Für das Trocknen lassen Sie den Ton am besten in einem feuchten und kühlen Raum stehen – Kellerräume eignen sich besonders gut.

Außerdem sollten Luftfeuchtigkeit und Temperatur in diesem Raum besonders stabil sein. Sie können auch eine Schutzhaube über Ihre Werke positionieren, etwa eine Plastikhaube, wie Sie auch bei einem einfachen Tortenschutz vorhanden ist. Lüften Sie in dem Fall die Werke aber alle paar Stunden und wischen Sie das angesammelte Wasser unter der Haube ab. Die Tonstücke sollten am besten auf einer saugfähigen Unterlage trocknen – besonders gut eignen sich Gipsplatten, da Gips das Wasser entzieht. Wenn die Produkte unten eine durchgehende Fläche besitzen, dann ist es empfehlenswert, sie auf kleine Füße zu stellen, sodass Sie auch von unten belüftet werden und so besser trocknen. Nach etwa einer Woche sollten die Stücke dann fertig zum Brennen sein. Wenn Sie ganz sicher sein und besonders schön trocknen möchten, dann können Sie mit einem sogenannten *Trockengang* im Brennofen starten. Dieser sorgt dafür, dass zunächst für mehrere Stunden bei verhältnismäßig nur niedrigerer Temperatur schonend getrocknet wird, sodass am Ende wirklich keine Feuchtigkeit mehr vorhanden ist. Dieser Vorgang ist nicht zwingend notwendig, jedoch in einigen Fällen recht empfehlenswert.

Und schließlich geht es ans Brennen. Der erste Brand ist der sogenannte Schrühbrand, der ebenfalls bei verhältnismäßig niedrigeren Temperaturen vorgenommen wird. Die genauen Temperaturen finden Sie auf der Packung des Tons. Danach lassen Sie den Ton komplett abkühlen und dann können Sie ggf. noch einen Glasurbrand durchführen, wenn Sie möchten. Genaueres zum Brennvorgang können Sie im nächsten Kapitel nachlesen.

Und dann haben Sie auch schon Ihren ersten eigenen Becher hergestellt!

Der Brennofen

Wie bereits zuvor erwähnt, müssen Sie den Ton in der Regel nach Bearbeitung *brennen.* Dafür braucht es allerdings einen geeigneten Ofen. Es gibt ein paar Ausnahmen, wie oben bereits erwähnt, doch gerade für stabile Keramik aus regulärem Ton braucht es normalerweise einen Brennofen. Erfahren Sie hier alles Wichtige über den Brennofen und den Brennvorgang.

GRUNDSÄTZLICHES

Die Anschaffung eines Brennofens kann etwas kostspielig sein, doch wenn Sie vorhaben, längerfristig und professioneller zu töpfern, dann lohnt sich die Anschaffung eines ordentlichen Ofens definitiv. Es muss dabei auch kein übermäßig teurer professioneller Ofen sein, denn auch die Öfen, die für Hobbytöpferei geeignet sind, sind, wie gesagt, nicht gerade billig. Aber sie reichen aus und sind auf jeden Fall günstiger als die wirklich professionellen, die auch höhere Temperaturen schaffen. Falls Sie jedoch gar nicht in großen Mengen töpfern möchten, brauchen Sie sich nicht zwangsläufig einen eigenen Ofen anzuschaffen. Zunächst können Sie entweder Ton besorgen, der nicht gebrannt werden muss, oder aber

Sie suchen sich ein Atelier in Ihrer Nähe, wo Sie einen Platz in einem Brennofen mieten können. Viele Ateliers bieten solche Brennvorgänge an. Erkundigen Sie sich in Ihrer Gegend nach dieser Möglichkeit, denn Sie ist auch gerade für den Start die perfekte Übergangslösung, bis Sie wissen, ob Sie einen Brennofen tatsächlich brauchen, und falls ja, welchen. Vielleicht entscheiden Sie sich ja auch dazu, Ihre Produkte dauerhaft zum Atelier zu bringen.

Eventuell können Sie auch an einen gebrauchten Ofen kommen, doch auch diese können noch recht kostspielig sein, wenn auch wesentlich günstiger, als einen neuen zu kaufen – nur die Anschaffung/ Lieferung kann sich in einigen Fällen womöglich als kompliziert herausstellen, da diese Öfen schon ziemlich schwer sind. Sie müssten also zunächst sicherstellen, dass der Transport gesichert ist und Sie den Ofen auch unkompliziert in den dafür vorgesehenen Raum bringen können. Außerdem werden die Versandkosten leider auch sehr hoch sein, daher lohnt es sich womöglich nicht besonders. Die meisten Öfen sind Elektroöfen, doch es gibt auch Gasöfen im Handel. Diese sind weniger schwer, aber häufig noch teurer und es gibt auch weniger Auswahl. Daher stellen Sie bzgl. der Kosten und des Transportes häufig keine besonders gute Alternative da – schon gar nicht, wenn Sie gerade anfangen und nicht direkt so hohe Kosten haben möchten.

Falls Sie sich jedoch tatsächlich einen eigenen Ofen anschaffen möchten, sollten Sie vor der Anschaffung genau überlegen, ob Sie einen Raum haben, der ausreichend belüftet werden kann. Denn beim Brennvorgang kann es auch außerhalb des Ofens sehr heiß werden und es können unangenehme Gerüche entstehen. Sie brauchen also einen gut belüftbaren Raum und idealerweise einen, in dem sich sonst keine wichtigen Möbel befinden. Die Gerüche können teilweise sogar gesundheitsschädlich sein.

Nehmen Sie diese Vorschriften also ernst. Der Ofen wird auch von außen sehr heiß und heizt damit bei hohen Temperaturen häufig auch den ganzen Raum auf – also besser auf leicht brennbare Einrichtungen verzichten und auch auf alles, was Gerüche stark aufnimmt. Auf Polstermöbel sollte verzichtet werden und in unmittelbarer Nähe des Ofens sollte sowieso nichts Entflammbares stehen. Näheres zu den Sicherheitsvorschriften finden Sie auch im Kapitel *Sicherheitshinweise*.

DIE VERSCHIEDENEN ÖFEN

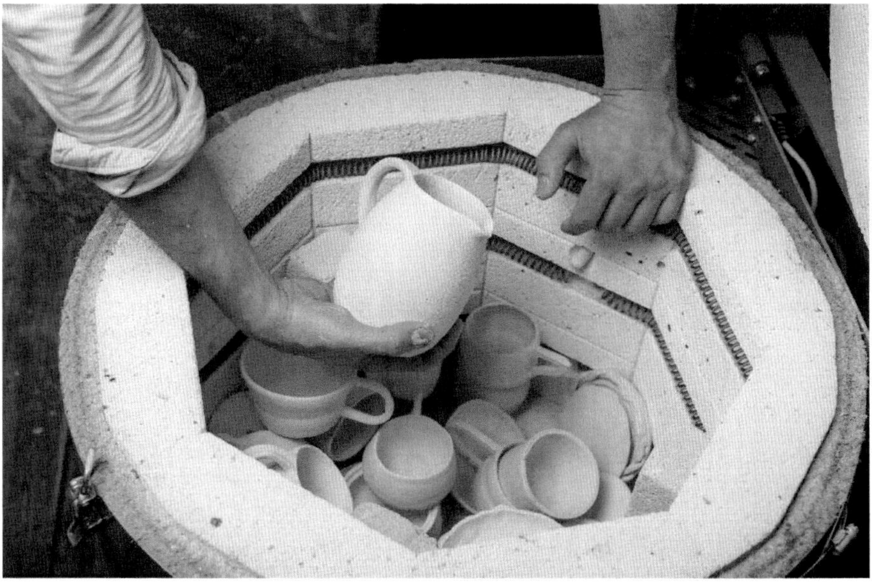

Unter den Elektroöfen, die vermutlich eher Ihre erste Wahl sein werden, lassen sich drei verschiedene Typen von Öfen finden – sogenannte *Topladeröfen, Frontladeröfen* und *Kammeröfen*. Sie sollten sich über alle drei Typen gut informieren und gut überlegen, welcher Ofen für Sie auf lange Sicht die beste Wahl ist. Topladeröfen haben eine Art Deckel oben und sind dadurch zu füllen bzw. zu beladen. Sie sind meistens recht klein und rundlich geformt und auch etwas günstiger als viele andere Modelle. Dafür können Sie natürlich nicht direkt große Mengen gleichzeitig brennen – große Mengen sind womöglich gar nicht notwendig, solange Sie nur hobbymäßig töpfern, doch diese Öfen haben wirklich häufig nur ein sehr kleines Fassungsvermögen. Wenn Sie auch bereit sind, ein wenig mehr Geld auszugeben, dann kann sich ein anderer Ofentyp schon eher lohnen.

Frontladeröfen haben eine Art Tür vorne, durch die Sie beladen werden können. Sie sind zwar ein wenig teurer, doch auch größer und haben mehr Fassungsvermögen als die kleinen Topladeröfen. Daher kann man wunderbar auch mehrere Objekte gleichzeitig brennen und sogar stapeln. Kammeröfen sind ebenfalls größer und einfacher zu beladen. Man behält auch mehr Übersicht über seine zu brennenden Werke, weil man von vorne auf alle schauen kann, während man belädt. Es gibt extra Ofenplatten sowohl für Frontlader- als auch für Kammeröfen, die man einsetzen kann und wie bei einem Regal oder auch wie in einem normalen Backofen so mehrere Schichten bildet, auf die man die Werke stellen kann. So kann man auch beim Glasurbrand mehrere Werke gleichzeitig brennen und zudem sicherstellen, dass sie einander nicht berühren.

Daneben gibt es schließlich noch sogenannte *Raku-Öfen*. Dies sind diejenigen, die mit Gas betrieben werden. Sie sind besonders leicht und für den Transport sogar auseinanderbaubar. Die mit diesen Öfen gefertigten Brennvorgänge nennt man *Raku-Brand* und die Werke werden normalerweise mit einer speziellen Technik getöpfert. Die Raku-Öfen werden draußen aufgebaut und sind auch sehr leicht zu handhaben. Sie sind außerdem wesentlich günstiger und brennen mit niedrigen Temperaturen, daher sind sie auch energiesparender. Jedoch eignen sie sich daher ebenfalls nicht für alle normalen Töpferarbeiten.

DER BRENNVORGANG

Beim Brennvorgang an sich müssen Sie mehrere Dinge beachten – gerade, wenn Sie zuhause selbst brennen möchten, sollten Sie hier schon einmal einiges an Theorieerfahrung sammeln.

Bei den moderneren Brennöfen kann man normalerweise verschiedene Brennprogramme wählen und individuell einstellen. Die wichtigsten Programme für den sogenannten Schrühbrand und den Glasurbrand sind normalerweise bereits vorinstalliert.

Diese beiden Brennvorgänge sind in der Regel bei den meisten Töpferwerken notwendig. Sie wurden zuvor bereits erwähnt, doch nun mehr dazu. Der sogenannte Schrühbrand, auch *Rohbrand* genannt, ist der erste Brennvorgang bei den Tonstücken. Er dient dazu, das Werk zunächst stabiler für die Weiterverarbeitung zu machen, lässt es aber gleichzeitig auch etwas porös werden, sodass die Glasur im Anschluss noch gut aufgenommen werden kann. Der Schrühbrand erfolgt mit langsam ansteigender Temperatur, bis etwa 600 Grad erreicht sind. In dieser Zeit ist der Temperaturanstieg pro Stunde etwa 60-100 Grad. Danach kann etwas schneller aufgeheizt werden, mit einem Temperaturanstieg von bis zu 200 Grad pro Stunde, bis der Ofen seine Höchsttemperatur erreicht hat (diese liegt normalerweise bei ca. 950 Grad). Die Höchsttemperatur wird eine Weile gehalten und dann kann der Ofen wieder herunterfahren und abkühlen. In der Abkühlphase sollte dringend darauf geachtet werden, dass der Ofen nicht geöffnet wird. Insgesamt sollte man einen Tag für den Schrühbrand einplanen (inklusive Abkühlungsphase). Wie bereits erwähnt, können mehrere Teile beim Schrühbrand gestapelt werden bzw. sie dürfen sich berühren. Sie sollten nur darauf achten, dass nicht zu viele besonders schwere Werke aufeinander liegen. Platten und Teller sollten am besten stehend gebrannt werden.

Im nächsten Schritt erfolgt der Glasurbrand. Dieser sorgt für das richtige Einprägen der Glasur und erfolgt bei höheren Temperaturen. Die genaue Temperaturspanne findet sich auf der Packung der Glasur. Bei diesem Brand ist es, wie bereits erwähnt, wichtig, darauf zu achten, dass sich die Werke nicht berühren, während sie im Brennofen stehen.

Alternativ gibt es noch das sogenannte *Einbrandverfahren*. Bei diesem Verfahren wird die Glasur bereits auf den ungebrannten, aber gut getrockneten Ton gegeben und dann gebrannt. So werden die Werkstücke nur einmal gebrannt. Dies erfolgt meistens bei Temperaturen zwischen ca. 1000 und 1260 Grad, je nachdem, welches Material Sie verwendet haben. Allerdings eignet sich das Einbrandverfahren nicht für alle Gegenstände – dünnwandige und feine Gefäße zum Beispiel sollten lieber zweimal gebrannt werden. Auch kann die Glasur nicht immer gleich gut aufgenommen werden. Bei Gas mag der Unterschied nicht ganz so groß sein wie bei Elektroöfen, doch gerade im zweiten Fall eignet sich das *Zweibrandverfahren* meistens besser.

WAS SIE SONST NOCH BEACHTEN SOLLTEN

Um zu vermeiden, dass Risse oder Sprünge im Ton entstehen, sollten Sie den Ofen beim Abkühlvorgang erst einen Spalt breit öffnen, wenn die Temperatur unter 200 Grad gelangt ist. Erst wenn der Ofen 100 Grad erreicht hat (besser noch deutlich niedriger), kann er ganz geöffnet werden. Die Tonware muss dann dennoch so lange im Ofen stehen bleiben, bis sie vollkommen abgekühlt ist.

Durch die hohen Temperaturen, die beim Brennen erreicht werden müssen, kann neben der Anschaffung eines eignen Brennofens auch der Brennvorgang als solcher sehr kostspielig für Sie werden. Informieren Sie sich daher im Vorfeld ausreichend und erfragen Sie vielleicht auch Wege bei Ihrem Anbieter. Oder fragen Sie bei Bekannten und Freunden bzw. im nächstgelegenen Töpferatelier nach. Womöglich kann man Ihnen da noch ein wenig Beratung schenken.

Generell sollten Sie sich vor der Anschaffung eines Ofens umfangreich informieren und fachmännisch beraten lassen – so haben Sie hoffentlich lange Freude mit Ihrer Anschaffung und auch kein erhöhtes Sicherheitsrisiko.

Praxisprojekte

Nun geht es endlich an die Praxis! Im Folgenden werden Ihnen verschiedene Projektideen gezeigt und Schritt für Schritt erklärt. Sie finden Projekte für die ersten Übungen und den Einstieg, nachdem Sie ein wenig Erfahrung gesammelt haben, sowie weitere Projekte für diejenigen, die schon etwas mehr Übung mitbringen. Schließlich zeigen wir Ihnen auch Projekte mit alternativen Materialien, also Modelliermassen, die nicht Ton sind. Viel Freude und viel Erfolg beim Töpfern!

10 PROJEKTE ZUM ÜBEN

Hier finden Sie 10 Projekte zum Üben – einfache und doch schöne Ideen, wie Sie all die bisher gesammelten Theorieerfahrungen anwenden können.

Die Kräuterschilder

Kräuterschilder sind das perfekte erste richtige kleine Projekt zum Üben – sehr einfach und schnell gefertigt und perfekt für jeden Garten- und Kräuterliebhaber. Davon können Sie auch sehr schnell und einfach mehrere anfertigen. Los geht's!

Schritt 1:

Schneiden Sie ein Stück Ton ab und kneten Sie es gut durch. Sie können hierfür beliebigen Ton verwenden – sehr schön für den Garten sehen z. B. Terracotta-Schilder aus. Die Größe der Schilder hängt ganz davon ab, wie viele Schilder Sie machen möchten und wie groß und breit diese sein sollen. Sehr praktisch sind zum Beispiel solche in Rechteckformen, auf denen genug Platz ist, auch die Namen der Kräuter zu schreiben (bedenken Sie, dass Sie auch wenig Ton einplanen müssen, um eine Art Stab zu basteln, der in die Erde sticht und das Schild hält). Sehr schön sehen aber auch längliche Schilder aus, die mit Bildern verziert werden und tiefer in die Erde Stechen – natürlich können Sie bei den Formen Ihrer Kreativität freien Lauf lassen. Vielleicht möchten Sie ja auch mehrere verschiedene Schildchen basteln und bunt mischen? Auch farbiger Ton kann dafür eine schöne Idee sein. Und dann geht es auch schon mit dem nächsten Schritt weiter.

Schritt 2:

Rollen Sie den Ton dann sorgfältig aus. Die Schilder sollten nicht zu dick sein, doch ein wenig bleibt auch dies Ihrem Geschmack überlassen. Danach können Sie ein scharfes Messer oder auch Ausstechformen nehmen und den Ton in die gewünschte Form schneiden bzw. stechen. So schnell ist die Grundform auch schon erledigt.

Schritt 3:

Anschließend können Sie noch Muster einprägen. Dies geht z. B. mit einer Gabel, mit Stempeln oder mit kleinen Holzspießchen. Letztere können Sie auch wunderbar nutzen, um etwa die Namen der Kräuter und Pflanzen einzuschreiben. Danach müssen Sie die Schilder nur noch vorsichtig von der Arbeitsfläche lösen und trocknen lassen – nehmen Sie zur Hilfe ruhig einen Schneidedraht. Der Ton wird ca. eine Woche trocknen müssen und dann kann er nach Anweisungsaufdruck der Verpackung in den Brennofen. Anschließend können Sie die Schilder natürlich noch nachbehandeln, etwa mit Glasur und einem Glasurbrand.

Weihnachtsbaumschmuck

Schon in Weihnachtsstimmung? Auch Ungeübte können bereits wunderschönen Baumschmuck aus Ton herstellen. Hier eine einfache erste Anleitung:

Schritt 1:

Wie immer wird der Ton zuerst groß genug abgeschnitten und gut durchknetet. Hierfür können Sie ebenfalls jeden beliebigen Ton verwenden. Beachten Sie aber, dass Sie bei einem hohen Schamottenanteil ein wenig vorsichtiger beim Kneten sein sollten, damit die Scherben keine Verletzungen verursachen. Wenn Sie ein ganzes Set an bunten Anhängern fertigen möchten, dann kann der Tonklumpen durchaus etwas größer sein. Danach wird auch dieser Klumpen ordentlich auf der Arbeitsfläche ausgerollt.

Schritt 2:

Hier geht es ebenfalls wieder ans Schneiden oder Ausstechen. Gerade für Weihnachtsschmuck bieten sich schöne Ausstechformen, wie man sie etwa für Plätzchen verwendet, an. Tauchen Sie die Ausstechformen zwischendurch immer wieder in eine Schale mit warmem Wasser, damit der Ton nicht kleben bleibt. Damit haben Sie direkt eine Auswahl weihnachtlicher Figuren. Natürlich können Sie auch selbst kreativ werden und andere Figuren ausstechen oder schneiden. Vielleicht haben Sie ja Ihre ganz persönlichen Weihnachtssymbole, die Sie festhalten möchten?

Schritt 3:

Damit Sie die Aufhänger auch aufhängen können, müssen Sie an einer geeigneten Stelle natürlich jeweils noch ein Loch einplanen. Die Löcher können Sie z. B. mit kleinen Holzspießchen bzw. Zahnstochern formen. Dazu stechen Sie an der Stelle, an der Sie die Dekorationen aufhängen möchten, ein kleines Loch und vergrößern es dann ganz langsam. Versuchen Sie, die Ränder möglichst glatt zu streichen – das kann bei einem kleinen Loch in der Innenseite nicht ganz einfach sein, ist aber mit ein wenig Fingerspitzengefühl definitiv möglich. Passen Sie auf, dass Sie nach oben genug Rand stehen lassen, damit der Anhänger nicht bricht und stabil bleibt. Danach können Sie sich auch noch überlegen, ob Sie Muster oder Ähnliches einkratzen möchten.

Schritt 4:

Anschließend lösen Sie die Figuren wieder von der Arbeitsfläche, lassen sie trocknen und bringen sie zum Brennen.

Schritt 5:

Da diese Anhänger schönen Weihnachtsschmuck darstellen sollen, werden Sie die Anhänger wahrscheinlich noch mit Farbe bearbeiten – vielleicht haben Sie ja auch von vornherein schon bunten Ton verwendet? Auch das kann sehr schön sein! Nach einem eventuellen zweiten Brand für die Glasur müssen Sie am Ende nur noch ein schönes, einigermaßen stabiles Band durch das Loch ziehen, dieses fest zuknoten und schon sind die selbstgemachten Anhänger bereit für die Vorweihnachtszeit! Solche Anhänger machen sich auch in anderen Strauchgebilden oder bei Ihren Gartenpflanzen sehr gut. Dafür eignet sich dann optisch auch Terracotta sehr schön – achten Sie hier jedoch darauf, dass die Pflanzen mit Anhängern dann trocken stehen, da Terracotta die Feuchtigkeit nicht gut verträgt.

Der Handyhalter

Sie wissen nie, wo Sie zuletzt Ihr Handy haben liegen lassen? Oder Sie sind bei jedem Telefonat oder Videoanruf verzweifelt dabei, eine Konstruktion zu bauen, in der Ihr Handy stehen bleibt, ohne es die ganze Zeit festhalten zu müssen oder das Risiko einzugehen, dass es verrutscht und fällt? Hier ist die perfekte Lösung – ebenso einfach wie praktisch! Töpfern Sie sich einen Handyhalter!

Schritt 1:

Nachdem Sie auch hier den Ton zunächst abgeschnitten und durchgeknetet haben, wird er für dieses Vorhaben wieder ausgerollt – hier bietet es sich an, Frischhaltefolie zur Hilfe zu nehmen, da Sie die Tonplatte leicht lösen können müssen. Oder Sie nutzen eine hübsche Tischdecke oder ein gemustertes Handtuch, um direkt ein Muster einzuprägen. Das können Sie zwar teilweise noch im Nachhinein, doch auf diese Art gelingt das Muster wirklich überall und am einfachsten. Bedenken Sie, dass die Platte im nächsten Schritt gerollt wird – falls Sie das Muster also nur von außen auftragen möchten, dann sollte es die Unterseite sein, denn diese wird nach dem Rollen von außen zu sehen sein. Die Tonplatte sollte am Ende rechteckig, etwa 15-20 cm lang und etwas breiter als Ihr Handy sein (bedenken Sie, dass der Ton beim Trocknen noch ein wenig schrumpft). Schneiden Sie die Ränder gerade, sodass ein schönes Rechteck entsteht.

Schritt 2:

Nun lösen Sie die Platte vorsichtig (ggf. mit einem Schneidedraht) von der Arbeitsfläche, um sich zu vergewissern, dass sie sich leicht lösen lässt. Dann beginnen Sie, den Ton aufzurollen – von beiden Seiten. Dabei sollten Sie die Tonplatte gedanklich in drei Teile aufteilen und sie von der einen Seite bis zu einem Drittel rollen. Die andere Seite sollte dann bis kurz zur anderen Rolle gerollt werden – es muss aber noch so viel Platz dazwischen sein, dass das Handy schräg dort hineingestellt werden. Bedenken Sie, dass es breit genug sein muss, um ggf. das Handy auch mit seiner Hülle hineinzustellen. Falls Sie unsicher sind, messen Sie es lieber aus.

Schritt 3:

Damit ist die Grundform auch schon geschaffen. Nun können Sie noch überlegen, ob Sie nachträglich ein bisschen Struktur oder ein Muster einkratzen möchten, und dann kann es auch schon getrocknet werden. Nach der Trockenzeit geht es dann ab in den Brennofen und ggf. noch zur Bemalung. Und schon haben Sie einen wunderbaren Platz für Ihr Handy – so schnell verlieren Sie es sicherlich nicht mehr. Natürlich können Sie ähnliche Halter mit verschiedenen Techniken herstellen – mit ein wenig Übung werden Sie sicherlich noch kreativer werden, aber das hier war schon einmal ein sehr guter Start.

Keramik-Schildkröte

Sie suchen noch nach niedlicher Dekoration für Ihren Garten oder Ihre Fensterbank? Diese kleinen Schildkröten sind die perfekten Begleiter für Ihre Pflanzen. Und sie sind ziemlich einfach zu fertigen! Schildkröten haben in verschiedenen Kulturen verschiedene Bedeutungen und werden oft als Symbole für Weisheit und Ruhe genutzt. Aber auch bei uns sind sie beliebte Gartenbegleiter für Jung und Alt. Für diese kleinen Schildkröten benötigen Sie neben Ton (nehmen Sie am besten einen ohne Schamotte, da Sie viel formen und kneten müssen) und einem Messer auch eine kleine Schale oder Ähnliches als Schablone (es geht zur Not auch ohne, es ist aber so wesentlich einfacher, die Rundung zu formen), ggf. Frischhaltefolie und Zeitungspapier oder etwas anderes als Stütze während des Trockenvorgangs.

Schritt 1:

Wie immer muss der Ton weich geknetet werden – die Menge hängt ganz von Ihrer Schablonengröße oder Wunschgröße ab. Präparieren Sie außerdem die Schale oder das, was immer Sie als Schablone nutzen, mit Frischhaltefolie oder etwas Ähnlichem, damit der Ton nicht darauf kleben bleibt.

Schritt 2:

Zunächst wird der Panzer geformt. Dazu rollen Sie ein Stück Ton zu einer Rolle, die etwa fingerdick ist. Danach schneiden Sie diese Rolle in ca. 2 cm dicke Scheiben. Die Rolle sollte so lang sein, dass genügend dieser Scheiben entstehen, um den Panzer auszufüllen. Doch die Scheiben werden noch ein kleines bisschen flacher und damit breiter. Dies geschieht, indem Sie die Scheiben mit den Fingern platt drücken. Wenn Sie lieber einen Stempel benutzen möchten, ist das ebenso gut – in beiden Fällen haben Sie am Ende ein schönes Muster in den Panzerscheiben (durch den Fingerabdruck oder das Stempelmotiv).

Diese Panzerscheiben legen Sie nun in die Schale, sodass Sie sich leicht überlappen und die Form ausfüllen. Dann befeuchten Sie Ihre Finger und streichen die Überlappungen glatt, sodass der Ton gut zusammenklebt. Arbeiten Sie hier besonders sorgfältig und lassen Sie keine Stelle aus. Am besten beginnen Sie beim Schichten in der Mitte und gehen dann kreisrund um die Mitte herum. So entstehen ebenmäßige Strukturen und das Werk wird stabiler. Achten Sie darauf, dass der Panzer am Ende von unten eine ebenmäßige und einheitliche Fläche gebildet hat.

Schritt 3:

Nun geht es daran, Kopf, Beine und Schwanz der Schildkröte zu formen. Dafür benötigen Sie pro Körperteil eine kleine Tonkugel, die ebenfalls zuvor gut geknetet wurde.

Für den Kopf formen Sie diese Kugel ein wenig in die Länge, sodass sie eher oval aussieht. Flachen Sie die Unterseite ab. Für die Beine brauchen Sie kleine Rollen, die ebenfalls an Enden unten ein wenig abgeflacht sind. An den Enden können Sie die Beine auch ein wenig spitzer zulaufen lassen, sodass sie eher wie kleine Füßchen aussehen. Den Schwanz bilden Sie ebenfalls aus einer kleinen Rolle, die noch ein wenig dünner ist. Zum Ende hin lassen Sie ihn auch spitz zulaufen. Das waren auch schon die restlichen Körperteile.

Schritt 4:

Nun geht es daran, die Körperteile an den Panzer zu bringen. Dafür müssen Sie nun den Panzer zunächst stützen können, sodass er, sobald er aus der Schablone genommen wird, nicht in sich zusammensackt. Dies geht zum Beispiel mit zerknülltem Zeitungspapier sehr gut. Dafür füllen Sie den Panzer einfach damit aus, sodass er nicht zusammenfallen kann, und drehen ihn dann um. Entfernen Sie die Schablone und kleben Sie die restlichen Körperteile an den Panzer. Benutzen Sie zum Befestigen großzügig Wasser und Schlicker und sorgen Sie dafür, dass alle Übergänge gut verschlossen werden und fest kleben. Streichen Sie alles ordentlich glatt, damit später alles gut zusammenhält und schön aussieht.

Wenn Sie möchten, können Sie der Schildkröte noch mit einem Zahnstocher ein Gesicht verpassen.

Schritt 5:

Nun muss die Schildkröte noch für bis zu einer Woche trocknen und kann dann gebrannt werden. Anschließend können Sie sich wie immer überlegen, ob Sie die Schildkröte noch glasieren, bemalen oder sonst wie nachbearbeiten möchten.

Einfaches Teelicht

Das einfache Teelicht bzw. der Teelichthalter ist wirklich kinderleicht und ganz simpel nachzubilden – auch hier brauchen Sie weder viel Übung noch Erfahrung an der Drehscheibe. Sie können mit beliebigem Ton arbeiten – da Sie nicht allzu viel kneten und Formen müssen, können Sie theoretisch auch Ton mit Schamotte verwenden. Passen Sie dann aber beim Durchkneten im ersten Schritt gut auf bzw. arbeiten Sie mit dicken Handschuhen. Sie brauchen für dieses einfache und doch sehr schöne Projekt auch kaum Werkzeuge.

Schritt 1:

Damit der Teelichthalter nicht zu dick wird, sollten Sie keinen allzu großen Tonklumpen verwenden – etwas größer als das Teelicht und so, dass in der Mitte genug Platz dafür ist und die Ränder auch schön aussehen. Kneten Sie den Ton, bis er weich ist und die Luft draußen ist. Formen Sie ihn dann zu einer Kugel und drücken Sie diese ganz leicht ein wenig flach. Drücken Sie dabei eine Seite auf die Arbeitsfläche, damit diese wirklich flach, gerade und eben wird – das soll später der Boden sein.

Schritt 2:

Nun nehmen Sie ein normales kleines Teelicht zur Hilfe und drücken dieses von oben in die andere Seite des Tonklumpens. Drücken Sie es vorsichtig so weit hinein, dass es ganz reinpasst und oben der Rand vielleicht sogar noch ein wenig übersteht. Bewegen Sie das Teelicht leicht hin und her, sodass das Loch in der Mitte ein wenig größer wird, als das Teelicht selbst – das Teelicht soll schließlich auch nach dem Trocknen noch bequem hineinpassen.

Schritt 3:

Entfernen Sie das Teelicht wieder und streichen Sie alle Ränder schön glatt. Die Seiten und Außenwände können Sie nun nach Belieben noch weitergestalten, etwa, indem Sie noch ein Muster einkratzen und etwas darauf schreiben. Prüfen Sie auch, ob der Boden noch dick genug ist (er darf nicht so hauchdünn sein, dass er reißen könnte), und entfernen Sie das Teelicht von der Arbeitsfläche. Dann muss es nur noch trocknen, gebrannt werden und kann ggf. noch nachbearbeitet werden. Schon haben Sie die ideale Dekoration für dunkle Winterabende. Sie können z. B. wunderbar auch in kurzer Zeit mehrere Teelichter anfertigen und diese etwa auf der Fensterbank oder dem Küchentisch verteilen. Das sieht in der Adventszeit besonders schön aus.

Ein simples Türschild

Auch ein einfaches Türschild kann ein schönes Projekt sein! Dieses Schild können Sie ganz individuell nach Ihrem Geschmack oder nach dem Stil Ihres Hauses oder Zimmers gestalten. Vielleicht möchten Sie ja auch Zimmerschilder für alle Familienmitglieder basteln? So oder so – hier bekommen Sie nicht nur die Grundanleitung, sondern auch ein paar schöne Verzierideen!

Schritt 1:

Für das Grundmodell brauchen Sie einmal wieder nur den Ton und die üblichen Materialien (Wasser, Nudelholz, evtl. Schneidedraht oder Frischhaltefolie). Beginnen Sie wie immer damit, den Ton zu kneten, und rollen Sie ihn dann aus –Größe und Form bleiben ganz Ihrem Geschmack überlassen. Sie können das Schild also rechteckig, oval, rund oder ganz abstrakt gestalten – schneiden Sie ggf. die Form mit einem Messer aus der Tonplatte aus oder schneiden Sie die Ränder gerade. Zur Hilfe könnten Sie auch einen Teller oder etwas Ähnliches als Schablone nehmen oder aber ein Lineal, um gerade Linien zu bekommen. Legen Sie das Lineal jedoch nur vorsichtig auf, damit es nicht am Ton festklebt.

Schritt 2:

Direkt zu Beginn sollten Sie nun festlegen, wo oben und unten des Schildes sein sollen, damit Sie oben mit einem Zahnstocher zwei kleine Löcher einbringen können. Dort soll am Ende ein Band durchgefädelt werden, das zum Aufhängen gebraucht wird. Die Größe richtet sich nach der Größe des Türschildes. Je größer und damit schwerer das Schild ist, desto fester muss die Schnur sein und entsprechend größere Löcher werden benötigt. Achten Sie darauf, dass die Löcher nach oben hin zum Rand noch genug

Material lassen, damit das Schild stabil bleibt. Auch hier gilt: Je größer und schwerer das Schild, desto mehr Ton sollte zwischen Loch und Außenrand liegen.

Schritt 3:

Nun geht es daran, das Türschild nach Ihren Vorstellungen zu gestalten. Ihrer Kreativität sind dabei natürlich keine Grenzen gesetzt – doch um ein wenig Inspiration zu bekommen, hier ein paar Ideen.

- *Kordel* – Sie können aus Ton eine schöne Kordel bilden, indem Sie zwei dünne Tonstränge formen und miteinander verdrehen. Eine schöne Kordel ist z. B. eine schöne Dekoration für den Rand des Schildes. Mit ein wenig Wasser und Schlicker können Sie die Kordel vorsichtig entlang des Randes ankleben.
- *Buchstaben* – Wenn Sie etwas schreiben möchten oder einen Namen anbringen wollen, können Sie Buchstaben ausstechen oder ausschneiden und ebenfalls mit Wasser und Schlicker ankleben. Sie können Buchstaben auch aus Tonstreifen oder Rollen formen.
- *Blumen, Häuser und andere Figuren* – Blumen oder ein kleines Häuschen machen sich auch sehr gut als Türschilddekoration. Auch diese können Sie einfach ausstechen oder ausschneiden. Oder Sie entscheiden sich für kleine Abbildungen der Dinge, die für Sie persönlich eine Bedeutung haben. Basteln Sie z. B. Türschilder für alle Zimmertüren drinnen? Warum nicht eine kleine Gitarre ausstechen, wenn das Kind Gitarre lernt? Oder das Lieblingstier? Oder Besteck und einen Teller für die Küche? Auch ein Weinglas ist ein sehr hübsches Bild für diesen Raum oder für den Weinkeller.

- *Muster* – Vielleicht möchten Sie den Rand des Türschildes ja lieber mit ein paar Mustern gestalten? Das geht auch sehr gut mit Stempeln oder gemusterten Tüchern und Tischdecken.
- *Kratzen und Schreiben mit Holzspießchen* – Mit Holzspießchen bzw. Zahnstochern können Sie auch Muster, Bilder oder Schriftzüge einkratzen, sodass Sie nichts ankleben müssen. Achten Sie aber darauf, dass Sie keine Löcher in den Ton kratzen, damit der Schriftzug am Ende schön und gleichmäßig bleibt. Oder aber Sie kratzen tatsächlich das komplette Wort aus, so, wie Sie die Löcher für das Band gefertigt haben – auch dann sollten Sie aber aufpassen, dass die Ränder stehen bleiben und das Schild insgesamt stabil und nicht zu löchrig ist.

Achten Sie generell darauf, dass Sie alles, was Sie ankleben, auch wirklich fest kleben. Rauen Sie dafür am besten die Fläche vorher ein wenig auf und drücken Sie alles gut fest. Nutzen Sie ruhig großzügig Ton und Schlicker und streichen Sie alle Luftlöcher sorgfältig aus. Es soll schließlich nichts herunterfallen.

Anschließend wird das Schild vorsichtig – notfalls mithilfe eines Schneidedrahtes – von der Arbeitsfläche gelöst und wieder trocknen gelassen. Danach müssen Sie es nur noch brennen und nach Wunsch weiterbearbeiten. Zum Schluss noch ein stabiles Band durchziehen und schon können Sie Ihr eigens gefertigtes Türschild aufhängen.

Der Blumentopf (Übertopf)

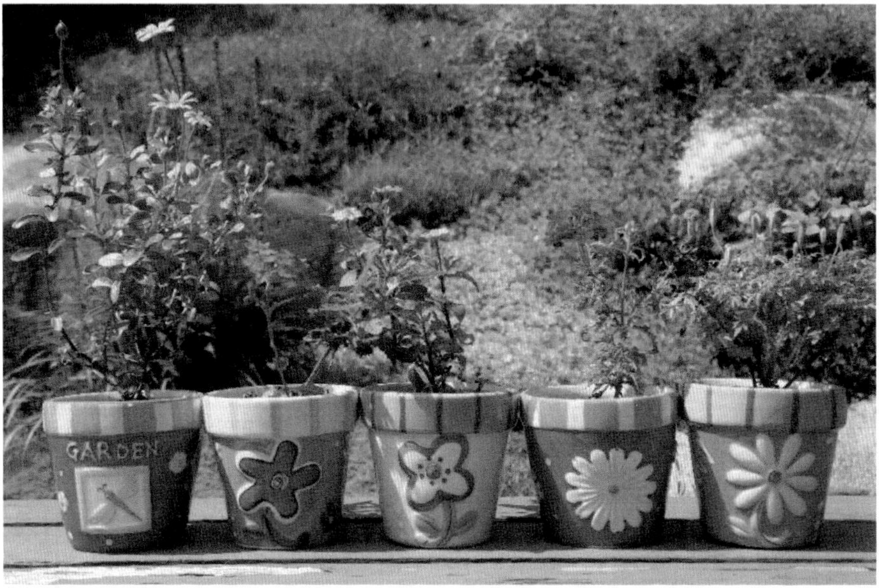

Einen Blumentopf bzw. einen Übertopf kann man ganz prima mit der Aufbautechnik herstellen – dies geht mit etwas mehr Übung natürlich auch mit dem Drehen, doch diese Variante eignet sich für den Einstieg besser.

Alles, was Sie brauchen, ist wie immer: Ton, evtl. Gabel oder Holzspießchen für Struktur und Muster und ein Gefäß mit Wasser und/oder Schlicker.

Schritt 1:

Bereiten Sie immer Ihre Arbeitsfläche und den Ton vor – je nachdem, wie groß der Übertopf werden soll, kann es gut sein, dass hierbei eine größere Menge Ton notwendig wird. Wenn Sie aufbauen, müssen Sie nicht direkt die ganze Masse auf einmal durchkneten, sondern Sie können sie in mehrere Klumpen unterteilen, aus denen Sie nach dem Kneten dann ohnehin einzelne Tonstränge bilden.

Einen der Tonklumpen sollten Sie ausrollen und dann einen kreisrunden Boden ausschneiden oder ausstechen – dies wird der Boden des Topfes. Er darf ruhig ein wenig kleiner sein, als der Topf nach oben hin werden soll, sollte jedoch auch groß genug sein, um den gewünschten Pflanzentopf zu fassen und den Topf stabil zu halten.

Schritt 2:

Auf diesem Boden bauen Sie nun die Tonstränge bzw. Wülste auf und bilden damit einen Turm bis nach oben. Rollen bzw. legen Sie die Stränge am Außenrand entlang und lassen Sie den Topf nach oben hin ein wenig breiter werden. Das gibt die typische Blumentopfform. Streichen Sie am Ende mit viel Wasser und Schlicker alles von innen wie von außen glatt. Dafür können Sie sich ruhig Zeit nehmen, denn der Topf soll am Ende ja ordentlich aussehen. Außerdem sollte alles am Ende eine möglichst ebene Masse ergeben.

Schritt 3:

Formen Sie nun mit einem weiteren Tonstrang eine Schlange, die dem Umfang des oberen Randes des Topfes entspricht und ein wenig breiter ist. Diese können Sie oben als dekorativen Rand aufkleben. Dazu rauen Sie am besten den Rand des Topfes ein wenig auf und kleben die Schlange dann oben auf. Wenn Sie möchten, können Sie den Rand in der Form lassen oder aber Sie drücken ihn flach, sodass er zur Seite hin ein wenig übersteht – beides sieht sehr hübsch aus. Nehmen Sie sich auch hier Zeit, alles ausreichend glatt und eben zu streichen.

Schritt 4:

Nun bilden Sie noch einen Tonstrang, der aber ruhig ein wenig kürzer sein darf, dafür jedoch etwas dicker sein sollte – denn dieser Strang bildet die Füße des Topfes. Wenn Sie die gewünschte Dicke erreicht haben, dann schneiden Sie ihn in drei gleich große Stücke. Die Gesamtlänge des Strangs sollte etwa der Hälfte des Umfangs des Topfbodens entsprechen.

Die so entstandenen drei kleinen Füße sollten Sie sorgsam in gleich großen Abständen auf den Boden des Topfes kleben. Sorgen Sie auch hier für ausreichend Kleber und streichen Sie die Ränder glatt und luftdicht. Üben Sie leichten Druck dabei aus, damit alles gut klebt, jedoch den Topf nicht zusammendrückt.

Schritt 5:

Nun können Sie den Topf wieder umdrehen und sowohl oben am Rand als auch an den Wänden Muster einprägen – dies geht sehr gut mit einer Gabel, mit Holzspießchen oder eben auch mit Stempeln. Dann geht es zum Brennen und nach Belieben zur weiteren Bemalung/ Färbung.

Auf diese Art können Sie Blumentöpfe jeder Größe herstellen – nehmen Sie als Vorlage einfach die Größen der Töpfe, die Sie bereits haben, und bedenken Sie, dass der Übertopf den Untertopf auch nach dem Trocknen noch fassen können muss.

Tipp: Wenn Sie ein kreisrundes Loch (oder drei kleinere Löcher) in den Boden schneiden, können Sie den so hergestellten Topf auch als normalen Pflanztopf nutzen!

Räuchergeister für schöne Düfte

Wer Räucherkegel liebt, wird mit diesen niedlichen Geistern sicherlich viel Freude haben! Sie sind eine schöne Deko – gerade zur Herbstzeit – und sorgen mit dem Räucherkegel nicht nur für eine nahezu gespenstisch-mysteriöse Atmosphäre, sondern auch für einen wohltuenden Duft im ganzen Haus! Für das Grundgerüst brauchen Sie einen kleinen Kegel, den Sie entweder im Bastelladen kaufen oder auch einfach selbst basteln können. Das geht zum Beispiel mit einer Papprolle. Damit der Ton an dieser nicht klebt, sollten Sie sie allerdings mit Plastikfolie umwickeln.

Schritt 1:

Haben Sie für den Anfang auf jeden Fall Ihren Kegel parat und beginnen Sie dann wie immer mit dem Kneten und in diesem Fall auch mit dem Ausrollen des Tons. Die Platte sollte ca. 1,5 cm dick und groß genug sein, um entspannt auf das Gerüst zu passen. Der Kegel wird dann mit dieser Platte ummantelt, sodass sich die Seiten nach oben hin ein wenig überlappen werden. Der überschüssige Ton wird mit einem Schneidedraht oder einem Messer sauber abgeschnitten. Rauen Sie die Verbindungsstelle ein wenig auf, damit Sie sich besser zukleben lässt, und kleben Sie diese dann mit Schlicker und Wasser fest. Verstreichen Sie alles, bis es glatt und eben ist.

Schritt 2:

Nun geht es daran, aus dem Kegel einen kleinen Geist zu formen. Dazu fangen Sie oben am Kegel an und formen die Spitze. Drücke Sie diese leicht zusammen und ziehen Sie sie ein wenig zur Seite, sodass es beinahe schon wie eine kleine Zipfelmütze aussieht. Biegen und Drehen Sie den Zipfel ruhig ein wenig, bis Sie zufrieden mit der Optik sind.

Danach bilden Sie das Gesicht des kleinen Geistes. Dazu bilden zwei Löcher, die die Augen darstellen, mit einem Zahnstocher. Die Löcher dienen später auch dazu, dass der Rauch heraustreten kann. Wenn Sie möchten, können Sie dem Geist auch einen Mund und etwas mehr Gesichtszüge, wie Augenbrauen oder kleine Bäckchen, verpassen. Das sollten Sie allerdings nur einritzen, nicht komplett aushöhlen. Den Mund können Sie ggf. noch als Loch formen. Es sollten aber am Ende nicht zu viele Löcher sein – je größer der Geist, desto mehr Löcher sind jedoch möglich und notwendig, damit es am Ende auch schön aussieht, wenn der Rauch heraustritt.

Sie können nun auch an der Stelle, an der der Kopf beginnen soll, den Geisterkegel ein wenig zusammendrücken, sodass ein Unterschied zwischen Kopf und Körper sichtbar wird.

Schritt 3:

Am Ende bauen Sie noch einen kleinen Untersetzer, auf dem der Räuchergeist stehen soll. Dafür Rollen Sie erneut eine Platte aus, aus der Sie einen Kreis ausstechen oder ausschneiden. Der Kreis kann entweder genauso groß sein, wie der Geisterkörper unten ist, so klein, dass er genau in den Körper passt, oder auch gerne etwas größer – besonders schön sieht es aus, wenn er ein wenig größer ist.

Nun können Sie den Geist vom Grundgerüst abnehmen und alles trocknen lassen. Setzen Sie den Geist noch nicht auf den Unterteller, denn beide Teile müssen getrennt trocknen und brennen – schließlich muss man am Ende den Geist noch abnehmen können, um den Räucherkegel einsetzen zu können.

Nach dem Brennen können Sie den Geist noch weiß bemalen.

Gemustertes Geschirr nach Abbildung töpfern

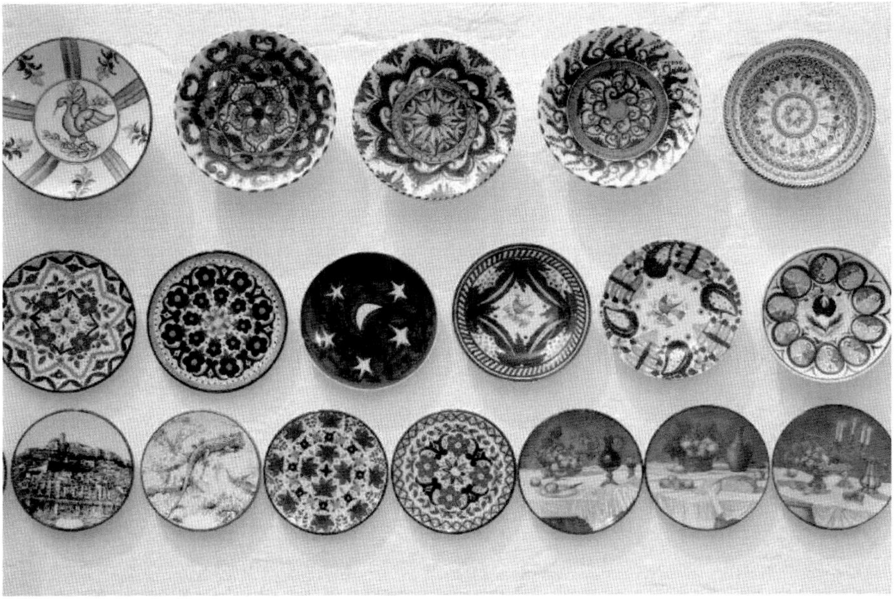

Hier finden Sie eine schöne Idee für gemustertes Geschirr, das Sie ganz einfach von einer Vorlage abbilden können – die perfekte Übung, um ein Gefühl für Ton zu bekommen, wenn man noch nicht so viel Erfahrung hat, und gleichzeitig, um ein paar praktische Gebrauchsgegenstände herzustellen. Hierfür brauchen Sie ein paar schöne Häkeldecken, Tischdecken oder ähnlich gemusterte Tücher und Stoffdecken – am besten suchen Sie ein oder zwei schöne Muster, die Ihnen gefallen, damit alles auch gut zusammenpasst. Auch sogenannte Tortenspitzen funktionieren übrigens sehr gut und sind günstiger zu besorgen, falls Sie nichts Passendes zuhause haben. Und ein kleiner Schwamm kann ebenfalls hilfreich sein, um das Geschirr wirklich schön glatt zu bekommen. Ggf. können kleine Holzleisten als Hilfestellung dienen, wenn Sie den Ton dazwischen auf die passende Dicke rollen möchten. Und natürlich brauchen Sie altes Geschirr als Vorlage bzw. Schablone.

Schritt 1:

Nachdem Sie den Ton wie immer geknetet haben, rollen Sie ihn zu einer ca. 1 cm dicken Platte aus. Verwenden Sie ggf. die Holzleisten zur Hilfe, um alles gleichmäßig dick zu rollen.

Schritt 2:

Nun bringen Sie die Muster auf den Ton. Nehmen Sie die Stoffdecke und legen Sie sie auf die Tonplatte. Mit dem Nudelholz rollen Sie leicht darüber, damit die Decke in den Ton gedrückt wird und das Muster sich abbildet. Gehen Sie dabei sanft vor, damit die Tonplatte immer gleichmäßig bleibt und das Deckchen auch leicht zu entfernen ist.

Ganz nach Ihrem Belieben können Sie das Deckchen auch nur teilweise anbringen – bei Tellern etwa bietet sich ein schöner Rand an, bei Bechern können Sie Streifen schneiden und damit eine Art Ringmuster schaffen. Ihrer Kreativität sind dabei keine Grenzen gesetzt.

Schritt 3:

Nun müssen Sie die Gegenstände nur noch in die richtige Form bringen. Dazu nehmen Sie einfach altes Geschirr als Schablonen. Legen Sie dafür etwa einen Teller auf die Tonplatte und schneiden Sie mit einem Messer die Form aus. Legen Sie den Teller mit Frischhaltefolie aus, legen Sie die ausgeschnittene Tonplatte darauf und drücken Sie diese in die Form. Dafür brauchen Sie gar keine große Kraft anwenden. Der Ton formt sich fast von selbst, solange er weich ist. Drücken Sie ggf. ganz leicht nach. Mit einem kleinen Schwämmchen können Sie die Ränder nun noch glätten. Das geht auch mit feuchten Händen, aber ein Schwamm kann dabei bessere Ergebnisse erzielen.

Mit einem Becher können Sie den gleichen Vorgang vornehmen – nur schneiden Sie nicht erst drum herum, sondern legen die ganze Platte direkt um die Schablone. Falls Sie noch Henkel basteln möchten, können Sie diese aus dünnen Tonsträngen formen, die dann wie immer mit Schlicker an einer Seite angeklebt werden.

Schritt 4:

Nun müssen die Geschirrteile nur noch trocknen, gebrannt und ggf. bemalt oder glasiert werden. Und so schnell können Sie ein einfaches Set herstellen.

Lustige Tassenfiguren

Kleine lustige Figuren für den Tassenrand sind ebenfalls schöne Ideen für persönliche Dekorationen im Eigenheim und schöne Geschenke für Ihre Liebsten – perfekt auch, wenn Sie ohnehin vorhatten, ein Teeservice oder einen Becher zu verschenken. Hängen Sie eine kleine Tonfigur an den Tassen- oder Becherrand und personalisieren Sie so Ihr Geschenk! Die beschenkte Person wird sich sicherlich freuen!

Schritt 1:

Zunächst bilden Sie mit den Händen aus dem gut durchgekneteten Ton ein Ei, das Sie dann an den Rand einer Tasse oder eines Bechers drücken. Drücken Sie die Kerbe eher in der oberen Hälfte, aber mindestens einen Zentimeter tief ein, sodass die Figur am Ende auch gut an der Tasse hält. Durch ein wenig hin und her Bewegen glätten sich die Ränder auch. Nehmen Sie die Figur wieder herunter und drücken Sie die Unterseite leicht auf die Arbeitsfläche, sodass Sie einen glatten Boden hat, auf dem Sie auch stehen könnte.

Schritt 2:

Nehmen Sie ein zweites kleines Tonstück und formen Sie daraus den Kopf der Figur. Die Kugel sollte recht klein sein. Wenn Sie möchten, können Sie die Kopfkugel unten ein wenig spitzer formen und so einen Hals entstehen lassen. Kleben Sie den Hals mit Schlicker an den Kopf.

Schritt 3:

Nun müssen Sie die Figur nur noch nach Ihrem Belieben gestalten – Sie können Ihr etwa eine kleine Frisur geben, einen Dutt aus einer kleinen Tonkugel oder einfach nur ein Gesicht einkratzen. Sie können auch einen kleinen Hut aus einer dünnen Tonscheibe basteln oder irgendeine andere lustige Dekoration, die Ihnen einfällt. Arme sollten Sie ebenfalls nur mit einem Holzspießchen einritzen, wenn Sie diese als den Hänger an der Tasse sehen möchten. Hängt die Figur rücklings an der Tasse, können Sie von der anderen Seite auch Arme ankleben.

Schritt 4:

Im letzten Schritt geht es wie immer ans Trocknen. Nach dem Trocknen bietet es sich bei einer so feinen Figur auch an, sie mit ein wenig Schmirgelpapier zu schleifen und dann zu brennen. Wer es bunt mag, kann die Figur danach Bemalen oder glasieren.

Das waren auch schon unsere 10 Projekte zum Üben!

10 PROJEKTE FÜR EINSTEIGER

Nachdem Sie nun also ein wenig Übung haben, können Sie sich an weitere Projekte wagen – die nachfolgenden sind immer noch gut für den Einstieg geeignet, jedoch nicht mehr ganz so simpel wie die ersten 10 Werke. Da Sie den ersten Schritt nun bereits kennen (Ton abschneiden und gut durchkneten), lassen wir diesen der Einfachheit halber hier weg – Sie kennen das Prinzip nun ja schließlich und bedenken, dass Sie den Ton gut kneten müssen! Und am Ende müssen Sie den Ton natürlich auch bei jedem hier vorgestellten Projekt trocknen lassen und brennen!

Keramik-Pilz

Eine weitere schöne Idee, Ihren Gartenbereich ein wenig aufzumöbeln – kleine Keramikfiguren in Form von Pilzen frischen Ihren Garten nicht nur, aber besonders zur Herbstzeit ein wenig auf. Sie machen sich auch wunderbar als Herbstdekoration im Innenbereich oder als Farbtupfer im Eingangsbereich Ihres Eigenheims. Für diese lustigen Pilze brauchen Sie ein gutes Gefühl für Ton, da sie komplett aus einem Stück Ton geknetet werden, ohne kleben.

Schritt 1:

Formen Sie aus dem Ton eine Kugel, die, je nachdem, wie groß Sie Ihre Pilze machen möchten, etwa nussgroß bis mandarinengroß ist. Aus dieser formen Sie nun den Pilz. Bilden Sie dazu erst einmal den Stängel. Dafür drücken Sie etwas mehr als die untere Hälfte zu einem Stiel. Danach Formen Sie den oberen Teil zum Pilzkopf – hier können Sie kreativ werden. Ob Sie einen rundlichen und kleineren Kopf haben möchten oder einen flachen, breiten – was immer Ihnen einfällt. Sie können die Ränder auch ein wenig wellig oder gebogen machen, sodass sie natürlich aussehen.

Schritt 2:

Mit einem Holzstab stechen Sie nun in den Boden des Stiels ein Loch hinein. Das Loch sollte so tief in den Stiel hinein gehen, dass der Pilz am Ende auf dem Holzspieß Halt finden kann. Wenn Sie dann den Holzspieß in die Erde stecken und den Pilz darauf setzen, dann hat der Pilz besonderen Halt und fällt nicht bei jeder Kleinigkeit um.

Auf diese Art können Sie eine ganze Reihe verschiedener Pilze herstellen. Viel Vergnügen!

Die Blumenvase

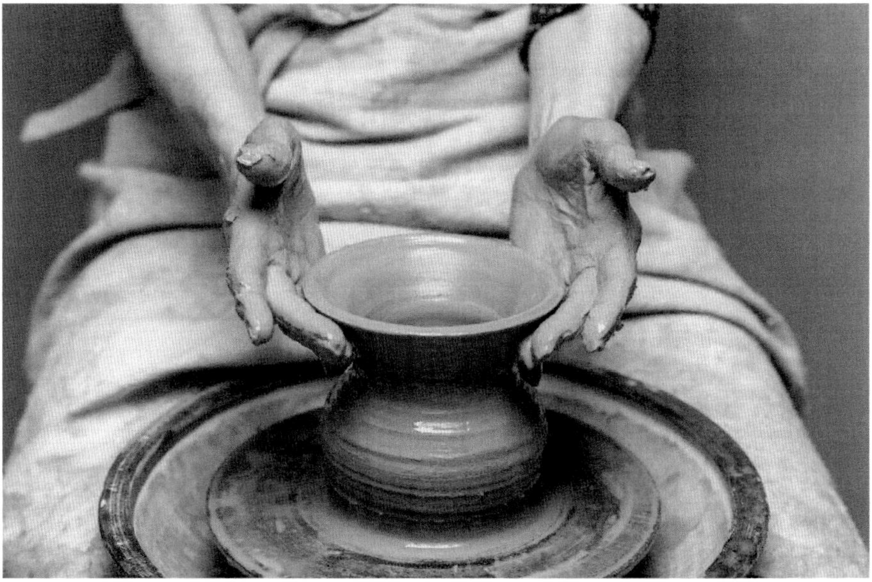

Blumen im Haus bringen stets ein wenig Farbe und ein schönes Frühlingsgefühl mit sich. Damit Sie besonders schön zur Geltung kommen, benötigen Sie jedoch eine besonders passende Vase. Und was bietet sich mehr an, als diese Vase ganz individuell selbst zu gestalten? Ob Sie die Vase später neutral glasieren und farblich passend zu Ihren Lieblingsblumen bemalen möchten, bleibt dabei ganz Ihrer Kreativität überlassen! Diese Vase töpfern Sie auf der Drehscheibe. Bedenken Sie, dass Sie beim Drehen Ton ohne Schamotte nutzen sollten. Auf geht's!

Schritt 1:

Den Tonbatzen, der groß genug für eine ordentliche Blumenvase sein soll, stellen Sie nach dem Kneten auf die Mitte der Drehscheibe und beginnen mit dem Zentrieren. Es macht dabei nichts, wenn der Batzen eher senkrecht in die Höhe geht – er braucht noch nicht die gewünschte Breite haben, denn das erledigen Sie beim Drehen. Sobald der Ton ordentlich zentriert ist, bewegen Sie mit nassen Händen den Ton an den Außenseiten leicht hoch, ziehen ihn so ein wenig nach oben und glätten ihn gleichzeitig. Danach bringen Sie ihn wieder ein wenig herunter und versuchen, ihn dabei vorsichtig in die Breite zu schieben. Wiederholen Sie dies ein wenig, bis der Tonklumpen eher wie eine Kugel aussieht, die die Breite des Vasenbodens annimmt.

Schritt 2:

Nun brechen Sie den Ton auf und höhlen so die Vase aus. Wie genau das Aufbrechen geht, wurde in den ersten Übungsanleitungen bereits beschrieben. Der Prozess ist hier genau der gleiche. Achten Sie erneut darauf, dass der Boden dick genug ist, um stabil zu bleiben. Während des Aufbrechens sollten Sie außerdem aufpassen, dass Sie die Wände ausreichend stützen und dick genug halten.

Schritt 3:

Sobald die Vase innen den gewünschten Durchmesser hat, ziehen Sie die Wände wieder hoch. Die Vase kann dabei ein wenig schmaler werden. Es schadet also nicht, beim Aufbrechen ein wenig großzügiger zu sein. Bedenken Sie, dass die Wände stets von unten nach oben gezogen werden. Ziehen Sie langsam die Vase Schritt für Schritt immer höher, bis sie die gewünschte Höhe erreicht hat. Dabei können Sie mit der inneren Hand leichten Gegendruck ausüben und beim Hochziehen versuchen, den Ton in einem leichten Bogen nach oben zu ziehen, sodass die Vase einen schönen Schwung erhält. Auf diese Art ist der Bauch ein wenig dicker als der Hals. Wenn es nicht so gut klappt, macht das nichts – Übung macht hier den Meister! Um besonders glatte Wände zu bekommen, können Sie auch wunderbar mit einem Schwamm arbeiten.

Schritt 4:

Mithilfe eines kleinen Holzspatels oder einem ähnlichen Werkzeug können Sie nun während des Drehens leicht am Ton entlangfahren und kurz vor dem oberen Rand stoppen. So bilden Sie einen schönen Rand oben am Kopf der Vase. Dazu halten Sie den Spatel senkrecht zum Ton und schieben ihn vorsichtig hoch – dies braucht ebenfalls ein wenig Übung, aber es schadet ja nicht, dies mehrfach auszuprobieren, nur so lernt man. Mit etwas Geschick erhalten Sie so eine schöne Vasenform.

Passen Sie am Ende auf, dass die Vase gut von der Drehscheibe gelöst wird – nehmen Sie zur Hilfe ruhig einen dünnen Schneidedraht, um den Boden zu lösen.

Die Teeschale

Auch eine Teeschale ist ein schönes Einsteigerprojekt und bestens dafür geeignet, mehr Erfahrung an der Drehscheibe zu sammeln. Schon bald können Sie Ihren Lieblingstee aus Ihrer ganz persönlichen Schale trinken – und dabei von Ihrem nächsten Asien-Urlaub träumen.

Schritt 1:

Sie beginnen hier ähnlich wie bei der Vase mit dem Zentrieren und dem Aufbrechen des Tonklumpens. Die Wände der Teeschale sollen natürlich besonders fein werden. Dafür ist es auch hier notwendig, die Wände zunächst langsam hochzuziehen und dann wieder ein wenig nach unten zu bringen, sodass der Ton etwas in die Breite geht. Dieser Vorgang wird beim Bilden von eher rundlichen Gefäßen auf der Drehscheibe häufig vorgenommen.

Schritt 2:

Sobald Sie eine eher rundliche Form erhalten haben, können Sie den Schalenrand noch in die Breite ziehen. Dies geschieht, indem Sie vorsichtig den Ton an einer Seite während des Drehens nach außen ziehen. Halten Sie die Hand dabei in Position, sodass der Ton durch die Drehbewegung gleichmäßig an allen Seiten ein wenig aufgezogen wird. Wie gesagt, das Drehen braucht womöglich ein wenig Übung, wird aber mit der Zeit immer einfacher.

Schritt 3:

Mit einem Schwamm streichen Sie auch hier die Ränder glatt. Damit die Teeschale auch auf einem schönen Fuß steht, setzen Sie eines der Werkzeuge, wie etwa einen Holzspatel oder einen einfachen Holzstab unten an der Tasse an. Da, wo der Fuß entstehen soll, ziehen Sie einen kleinen Rand, sodass sich der Fuß durch die Drehbewegung und das Werkzeug gut abhebt und glatt wird. Passen Sie auf, dass Sie das Werkzeug wirklich nur so lange wie notwendig ansetzen, damit Sie nicht zu viel Ton abschaben.

Schritt 4:

Nun muss der Ton tatsächlich nur noch glatt gestrichen werden und fertig ist Ihre Teeschale!

Das Teelichthäuschen

Das Teelichthäuschen macht sich besonders in der dunklen Jahreszeit gut, ist jedoch auch in anderen Monaten eine schöne Dekorationsidee. Und dabei ist es gar nicht so schwierig, es herzustellen.

Für dieses Häuschen benötigen Sie evtl. Schablonen für die Hauswände und die runde Teelichthalterform – dafür eignet sich z. B. ein Aschenbecher.

Schritt 1:

Formen Sie zunächst den rundlichen Teelichthalter. Dazu können Sie zum Beispiel mit einer Scheibe ausgerolltem Ton gut einen Aschenbecher abbilden (vergessen Sie nicht, Plastikfolie zwischenzulegen). Ein einfacher runder Aschenbecher hat einen guten Durchmesser und die passende Randhöhe. Natürlich können Sie eine ähnliche Form auch ohne Schablone herstellen – die Form muss etwas größer als ein Teelicht sein – ansonsten gibt es keine Vorgaben für die Größe.

Schritt 2:

Schneiden Sie nun von diesem Halter das obere Drittel gerade ab. Nehmen Sie zur Hilfe ein scharfes Messer und ggf. ein Lineal. Dann geht es an die Hauswände. Die Hauswand sollte so breit sein, wie der Rand des Teelichthalter an der abgeschnittenen Stelle – wenn Sie nur eine vordere Front machen möchten, kann er auch größer sein. Wenn Sie jedoch rundherum Häuserwände bilden möchten, sollte er genau passen.

Die Frontseite des Hauses schneiden Sie ebenfalls aus einer Tonplatte aus. Überlegen Sie sich ruhig eine schöne Form für das Dach und schneiden Sie vor allem viele Fenster ein. Das gelingt ganz leicht mit einem Zahnstocher. Streichen Sie vorsichtig alle Ränder möglichst glatt – auch die der Fensterinnenseiten. Besonders einfach ist dies, wenn Sie zuvor eine geeignete Schablone gekauft oder gebastelt haben.

Schritt 3:

Rauen Sie den Rand des Teelichthalters und den hinteren Rand der Häuserfront auf und kleben Sie die Front an den Teelichthalter. Sorgen Sie mit ausreichend Wasser und Schlicker für eine gute Befestigung. Wenn Sie möchten, können Sie nun noch rundherum eine Wand bilden, indem Sie einen breiten Streifen Ton ausrollen, den Sie von der linken Hausseite um den Teelichthalter herum zur rechten führen und gut an allen Punkten ankleben. Der Streifen sollte also genau um den Teelichthalter herum passen und etwa so hoch sein wie die Front ohne Dach. Auch hier sollten Sie zuvor viele kleine Fenster eingeschnitten haben.

Danach können Sie noch Verzierungen und Muster einkratzen und schon ist das Teelichthaus fertig.

Dekorative Rosen

Schöne getöpferte Rosen sind die perfekte Deko sowohl für drinnen als auch für draußen – und auch, wenn sie ein wenig kompliziert aussehen, sind sie sogar für Anfänger ziemlich einfach herzustellen! Also freuen Sie sich auf diese schöne Dekoration!

Schritt 1:

Formen Sie einen Tonklumpen, der groß genug für eine Rose Ihrer Vorstellung wäre, und bilden Sie daraus eine Tonrolle. Diese Rolle sollte gleichmäßig und etwa fingerdick sein. Teilen Sie die Rolle in mehrere, etwa gleich große Stücke – diese Stücke sollen die Blätter bilden, also machen Sie ruhig reichlich davon. Für eine normale Rose genügen drei innere Blätter und vier äußere, plus ein Stück für das Innere der Rose. Sie können die Rose aber natürlich auch mit mehr Blättern bestücken, wenn Sie möchten. Die inneren Blätter können dabei ein wenig kleiner sein als die äußeren.

Schritt 2:

Aus einem der Tonstücke formen Sie zunächst die Rosenmitte. Dafür rollen Sie es nochmals dünn aus und drücken es dann auf der Arbeitsfläche mit dem Finger platt. Drehen Sie diese kleine Platte nun wieder auf, sodass eine Art Schnecke entsteht. Diese ist aufgestellt nun die Mitte der Rose. Sie können die einzelnen Windungen noch ein wenig auseinanderziehen, wenn Sie möchten.

Schritt 3:
Nun geht es an die Blütenblätter. Dazu drücken Sie alle Tonstücke platt, sodass Sie aussehen wie einzelne Blütenblätter. Nach Bedarf können Sie mit den Fingern die Blätter noch in bessere Formen bringen.

Schritt 4:
Kleben Sie die Blätter mit Schlicker an die Rosenmitte und drücken Sie alle Ränder gut an. Wenn Sie möchten, können Sie die Rose mit den Händen noch in Form bringen, indem Sie alles etwas auseinanderziehen oder zusammendrücken. Und schon haben Sie eine hübsche Dekoration hergestellt!

Ein wunderbares Geschenk – das Gesellschaftsspiel aus Ton

Sie suchen noch ein Geschenk für Kinder, Familien oder Spielbegeisterte? Oder Sie sind selbst ein begeisterter Gesellschaftsspieler? Dann ist dies das perfekte Projekt für Sie – ein Gesellschaftsspiel, bei dem sowohl das Spielbrett als auch die Spielfiguren aus Ton hergestellt wurden!

Wie wäre es zum Beispiel mit dem Klassiker *Mensch-Ärgere-dich-nicht*? Natürlich funktioniert die Grundidee auch mit jedem anderen Brettspiel.

Schritt 1:
Zunächst formen Sie ein Brett aus dem Ton. Dafür rollen Sie so viel Ton zu einer Platte aus, dass diese ungefähr die Größe des Spielfeldes bildet. Schneiden Sie die Ränder mithilfe eines Lineals und eines scharfen Messers gerade. Das Spielfeld sollte überall gleichmäßig dick sein. Um das zu gewährleisten, können Sie die Platte zwischen zwei Holzleisten ausrollen.

Nun ritzen Sie mit einem Zahnstocher das Muster des Spielfeldes ein. Für Mensch-ärgere-dich-nicht also den Weg, die Häuser und die vier Startpunkte. Überlegen Sie sich doch zur Abwechslung ein schönes Muster oder Bilder anstatt einfacher Kreise – wie wäre es z. B. mit verschiedenen Blüten als Häuser-Punkte? Oder verschiedene geometrische Figuren?

Schritt 2:

Sobald Sie das Spielfeld fertig gestaltet haben, geht es an die Figuren. Hierbei können Sie ebenfalls vollkommen kreativ werden. Klassische Spielfiguren, die wie Kegel aussehen, lassen sich ganz einfach zwischen den Fingern formen. Oder Sie formen andere Figuren, wie z. B. verschiedene Tiere? Mäuse und Schweinegesichter sehen z. B. sehr niedlich und lustig aus. Gesichter können Sie auch hier mit einem Zahnstocher einritzen. Die Figurenbildung kann mitunter eine Weile dauern, je nachdem, wie detailliert sie werden sollen. Achten Sie darauf, dass alle Figuren auf einem glatten Boden/ Fuß stehen. Machen Sie die Figuren auch nicht zu winzig, damit nichts abbricht und Kleinteile hinterlässt und da die Figuren ohnehin noch beim Trocknen schrumpfen können.

Das war es dann auch schon – alles trocknen lassen und Sie haben Ihr eigenes Spiel!

Die Vogeltränke

Was gibt es Schöneres, als im Frühling die Vögel im Garten zu hören? Damit sie dieses Jahr auch zu Ihnen kommen, haben wir hier eine schöne Vogeltränke für Sie parat!

Da die Vogeltränke im Prinzip nur eine abgewandelte Schale ist, haben wir hier vor allem ein paar wichtige Hinweise für Sie:

Die Tränke selbst können Sie zunächst von einer Schale abbilden – oder natürlich auch wie eine flache Schale drehen. Die genaue Form bleibt dabei ganz Ihnen überlassen. Sie können auch eine Tonplatte auf einer Zeitungspapierstütze trocknen lassen, wie beim Schildkrötenpanzer. Im Unterschied zur Schale sind hier nur ein paar Abwandlungen wichtig, damit die Vögel sich auch wirklich an ihr erfreuen. Daher sollte die Schale zunächst mindestens 30 cm Durchmesser haben, damit die Vögel auch genug Platz haben, um sich darin zu baden. Dafür sollte sie auch in der Mitte 10 cm tief sein. Idealerweise wird die Tränke zur Mitte hin immer tiefer und zum Rand hin wieder flacher. Außerdem muss die Tränke anstelle eines glatten Randes einen eher rauen Rand haben, damit die Vögel besser Halt finden. Schleifen Sie also nichts ab bzw. geben Sie zur Not mit einer Gabel noch Struktur hinein. Der Rand sollte auch ca. 1 cm breit sein. Und vor allem muss die Tränke auch wirklich wasserdicht gebrannt werden. Verwenden Sie am besten Ton, der auch im Winter stehen bleiben kann.

Der Krug

Der Krug ist ein ebenso schönes wie klassisches Töpferprojekt. Hierfür eignet sich übrigens auch sehr gut Ton mit einem Schamottenanteil von bis zu 25 %!

Schritt 1:

Rollen Sie einen Tonklumpen zu einer etwa 1 cm dicken Platte aus und schneiden Sie einen Kreis als Boden des Kruges aus. Die Platte sollte ein wenig größer sein, als der Boden des Kruges später tatsächlich werden soll.

Schritt 2:

Fertigen Sie nun aus einem weiteren Tonstück eine Rolle an, die etwa 1 cm dick sein sollte. Diese legen Sie entlang der Bodenplatte an und kleben sie wie bekannt fest (Aufrauen, Wasser, Schlicker, Verstreichen). Glätten Sie anschließend die Nahtstelle.

Fertigen Sie weitere Tonrollen an und kleben Sie alle nacheinander auf. Um dem Krug eine schöne bauchige Form zu geben, sollten die Ränder immer ein wenig auf die Außenseite der vorherigen Rolle gelegt werden, bis die Öffnung wieder kleiner wird. Sie können den Krug natürlich auch genau gegensätzlich formen und zur Mitte hin schmaler und dann zur Öffnung wieder bodenbreit werden lassen – was immer Ihnen besser gefällt. Stützen Sie dabei ruhig immer wieder mit den Händen von innen.

Verstreichen Sie insbesondere die Innenseiten immer gut – wenn Ihnen die Rollenform von außen gefällt, können Sie diese auch stehen lassen und nur von innen kleben. Stabiler wird der Krug aber wahrscheinlich, wenn Sie auch außen alles glatt streichen.

Schritt 3:

Nun fehlt noch der Henkel – dieser besteht ebenfalls aus einer kleinen Rolle, die allerdings ruhig recht dick sein darf, damit der Henkel einen guten Griff hat. Rauen Sie wie immer die Stellen, an denen der Henkel angebracht werden soll, auf und kleben Sie die Rolle dann in einem henkelförmigen Bogen an diese Stellen des Kruges an.

Schritt 4:

Gegenüber des Henkels können Sie nun an der Öffnung die Ausgießung des Kruges mit den Händen formen. Und so schnell haben Sie Ihren rustikalen Krug getöpfert!

Bücherwurm – Lesezeichen

Das Bücherwurm-Lesezeichen ist eine schöne Geschenkidee für alle Lesefreunde. Und es ist ganz leicht herzustellen!

Dafür brauchen Sie nur aus einer kleinen Tonrolle einen Wurm formen – das geht kinderleicht mit den Händen, Sie müssen nur ein wenig filigran arbeiten können. Der Wurm soll schließlich am Ende bequem an einem Band in einem Buch hängen und dabei nicht zu schwer und klobig aussehen. Formen Sie also einen kleinen Tonwurm und geben Sie ihm ein Gesicht, wenn Sie möchten.

Mit einem Zahnstocher spießen Sie dann von unten nach oben ein Loch hindurch – also vom Kopf bis zur Schwanzspitze. So soll er später auf ein schickes Band gefädelt werden können. Machen Sie das Loch also breit genug, sodass auch nach dem Trocknen noch ein Band hindurch passt.

Lassen Sie den Ton trocknen und fädeln Sie nach dem Brennen und eventuellen Glasieren das Band durch. Am unteren und oberen Ende des Wurmes sollte jeweils ein dicker Knoten gemacht werden, damit der Wurm nicht abfällt.

Teelicht in Blütenform

Sie lieben Kerzen auch im Sommer? Dann ist dieser zur Abwechslung gar nicht weihnachtliche Teelichthalter genau das Richtige für Sie – und so einfach herzustellen.

Die Grundform bzw. Mitte des Teelichthalters wird aus einer Kugel geformt, die dann platt gedrückt und ausgehöhlt wird, sodass ihre Mitte groß genug für ein Teelicht ist. Sie können dabei ein Teelicht als Form nutzen, indem Sie es in die Mitte pressen. Machen Sie den Hohlraum aber wie immer etwas größer. Die Ränder sollten möglichst dünn sein, da das Teelicht am Ende nur den Mittelpunkt der Blüte bilden soll.

Dann bilden Sie eine Reihe von Blütenblättern, ähnlich wie bei der Rose – Sie können diese aber gerne nach Ihren Vorstellungen nachformen. Diese Blütenblätter werden dann ähnlich wie bei der Dekorose an die Mitte geklebt – in diesem Fall aber am unteren Rand des kleinen Teelichthalters. Sie können nach Belieben auch Muster in die Blätter ritzen.

Das waren dann auch schon unsere 10 Projekte für Einsteiger! Herzlichen Glückwunsch zu allen erfolgreich hergestellten Werken!

10 PROJEKTE FÜR GEÜBTE

Nun haben Sie schon jede Menge Erfahrung gesammelt – es wird Zeit, sich an Projekte für Geübte zu wagen! Sicherlich finden Sie in diesem Kapitel auch die eine oder andere Idee, die Ihren Vorstellungen entspricht und die Sie umsetzen möchten. Also viel Vergnügen!

Die Teekanne

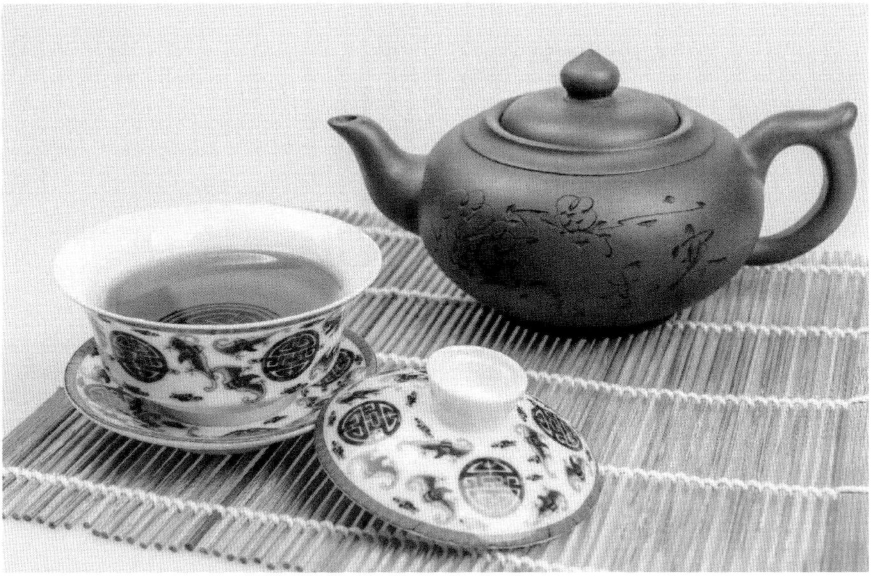

Passend zu Ihrer Teeschale (oder womöglich sogar zu Ihrem Teeschalen-Set?) lernen Sie nun, wie Sie eine schöne und individuelle Teekanne gestalten. Es braucht hier schon ein wenig mehr Übung, aber sobald Sie den Dreh heraushaben, werden Sie staunen, wie viel Freude es macht, etwas so Schönes zu erstellen und vielleicht sogar künstlerisch noch ein wenig mehr auszuschmücken. Los geht's mit Ihrem ersten Projekt für Geübte!

Schritt 1:

Die Teekanne wird auf der Drehscheibe grundsätzlich zunächst ähnlich wie eine Schale oder ein Becher geformt. Der Tonbatzen muss natürlich größer sein und Sie brauchen etwas mehr Fingerspitzengefühl beim richtigen Formen. Auf der Scheibe wird auch nur der Hauptkörper gebildet.

Die Teekanne sollte eine möglichst bauchige Form erreichen. Daher ist nach dem Zentrieren wichtig, dass der Tonbatzen beim Aufbrechen die Form einer Kugel erhält. Die Ränder werden zunächst wie bei den anderen Dreharbeiten auch langsam hoch und herunter bewegt, um so eine Kugelform zu erhalten. Üben Sie mit den Händen von innen leichten Druck aus, während Sie die Ränder hochziehen, und bringen Sie so den Ton in eine bauchige Form – das erfordert schlichtweg Übung. Je mehr Sie üben, desto schneller haben Sie den Dreh heraus.

Schritt 2:

Sorgen Sie mit einem Schwamm dafür, dass alle Ränder glatt werden. Die Teekanne sollte oben in der Öffnung etwa so breit sein wie unten am Boden und einen kleinen Rand bilden. Wenn so der Körper entstanden ist und Sie zufrieden sind, können Sie das Drehen beenden und den Körper von der Scheibe nehmen.

Schritt 3:

Nun formen Sie aus einer Tonrolle einen geeigneten Henkel. Dieser wird wie bei dem Krug auch an der Kanne angeklebt. Passen Sie auf, dass Sie den schön glatt gedrehten Körper dabei nicht zerdrücken. Gegenüber des Henkels müssen Sie nun den Ausgießer bilden. Dafür rollen Sie einen Tonklumpen flach aus und diese Platte rollen Sie dann der Länge nach zusammen, sodass sich eine Röhre ergibt. Die Ränder sollten gut zusammenkleben und überständiger Ton sollte abgeschnitten werden.

Gegenüber des Henkels bilden Sie nun ein Loch an der Außenwand der Kanne, an welchem der Ausgießer befestigt wird. Kleben Sie ihn an dieser Stelle von außen an und streichen Sie alles gut glatt.

Schritt 4:

Nun fehlt eigentlich nur noch der Deckel der Kanne. Dafür bilden Sie aus einer Kugel Ton eine flache Platte, die dick genug ist, um einen Deckelgriff aus ihr zu bilden und auf den Rand der Teekanne zu passen. Der Deckel sollte recht dick sein, sodass Sie den Ton in der Mitte nach oben ziehen können und so den Griff bilden. Wenn Sie mögen, können Sie oben eine kleine Kugel formen. Schön sieht es auch aus, wenn der Rand ein wenig übersteht, sodass der Fuß des Deckels genau in die Kanne passt und das Dach ein wenig größer aussieht. Es empfiehlt sich auch, einen kleinen Zipfel an einer Seite am unteren Rand anzubauen, sodass man den Deckel unter den Teekannenrand schieben kann. Auf diese Art und Weise fällt er nicht so leicht ab, wenn man den Tee ausgießt.

Schmuckdose mit Deckel

Diese schöne Schmuckdose ist perfekt zur Aufbewahrung Ihrer Lieblinge oder auch ein wunderbares Geschenk für alle anderen Schmuckliebhaber. Für die Verzierung ist ein wenig Fingerspitzengefühl notwendig, doch sie ist bei Weitem gar nicht so schwierig herzustellen, wenn man schon ein wenig Übung hat.

Die Schmuckdose lässt sich wunderbar aus Tonplatten anfertigen. Dazu fertigen Sie Tonplatten in der gewünschten Größe und Breite an – eine kreisrunde Form sollte den Boden bilden. Die Wände werden wie bei anderen Werken nun auch aus einer zweiten Platte gebildet, indem Sie um den Boden herum gelegt und fest angeklebt werden. Nun legen Sie einen zweiten Kreis oben drauf und schließen die Schmuckdose so zunächst.

Wenn auch die oberen Ränder gut verschlossen und glatt gestrichen sind, bilden Sie nun den Deckel. Das machen Sie, indem Sie mit einem Schaber- oder Schneidewerkzeug an der Stelle, wo die Schale aufhören und der Deckel beginnen soll, ansetzen und ein paar Millimeter tief einen Kreis rundherum abschaben. So bildet sich ein Ring in der oberen Hälfte. Oberhalb dieses Ringes schneiden Sie nun mit einem Schneidedraht den Deckel ab. Glätten Sie die Seiten der Dose und bearbeiten Sie dann den Deckel, indem Sie ihn ein wenig breiter machen und rundlich ausbuchten – er soll am Ende ja genau auf den Ring passen, sodass die Dose gut schließt.

Mit einer kleinen Kugel formen Sie noch eine schöne Mitte oben auf dem Deckel. Damit lässt er sich später auch gut greifen und abziehen.

Nun können Sie die Dose noch nach Belieben verzieren und Strukturen einbauen, bevor es ans Trocknen und Brennen geht! Zum Trocknen des Deckels können Sie auch hier eine Zeitungspapierstütze nehmen, die hilft, die rundliche Ausbuchtung festzuhalten.

Marmorierter Becher auf der Drehscheibe

Schöne marmorierte Becher können Sie auf der Drehscheibe ebenfalls mit ein wenig Übung herstellen.

Für diese marmorierten Becher gibt es einen einfachen Trick: Sie verwenden mehrere Tonarten in unterschiedlichen Farben. Daraus schneiden Sie kleine ca. 1 cm dicke Platten aus und stapeln diese. Dann verkneten Sie die Farben miteinander und bringen diesen Tonklumpen auf die Drehscheibe. Dadurch entsteht ein schönes Muster. Wie ein Becher gedreht wird, haben Sie bereits gelernt – hier können Sie weiter üben. Wenn Sie möchten, können Sie auch einen Henkel anbringen. Eine klare Glasur lässt die Farben nach dem Glasurbrand schön leuchten!

Fliesen töpfern

Fliesen zu töpfern ist ebenfalls eine schöne Idee, um Ihr Eigenheim ein wenig aufzufrischen. Damit dies besonders gut gelingt, hier ein paar Tipps – im Grunde genommen müssen Sie den Ton nämlich hierfür nur ausrollen und Fliesen ausschneiden.

Statt die Fliesen auszuschneiden, sollten Sie diese jedoch lieber ausstechen. So bleiben alle gleich groß und die Ränder schön sauber. Damit sie sich beim Trocknen auch nicht zu sehr verziehen, ist ein langsamer Prozess gut geeignet – Sie können die Fliesen auch leicht beschweren und fixieren, doch üben Sie keinen allzu starken Druck aus. Für Fliesen eignet sich übrigens Ton mit hohem Schamotteanteil von ca. 40 % besonders gut!

Auflaufform

Die Auflaufform ist die perfekte Ergänzung für Ihre Küche – und eigentlich auch recht leicht zu fertigen. Sie brauchen jedoch eine große Menge Ton und müssen gerade die Henkelgriffe an beiden Seiten stabil formen.

Doch eins nach dem anderen – zunächst brauchen Sie das Grundgerüst. Dies können Sie entweder aus Platten – ähnlich wie bei der Schmuckdose – formen oder mithilfe der Aufbautechnik aus dünnen Rollen. Wichtig ist, dass die Wände und der Boden stark sind. Auch die Henkel sollten breit genug sein und besonders gut angeklebt werden, damit Sie später bei der heißen Form nicht brechen. Arbeiten Sie hier also besonders sorgsam! Achten Sie auch darauf, dass die Henkel gleich groß werden und auch nach dem Trocknen noch genug Platz für Ihre Hände bieten.

Müslischale auf der Drehscheibe

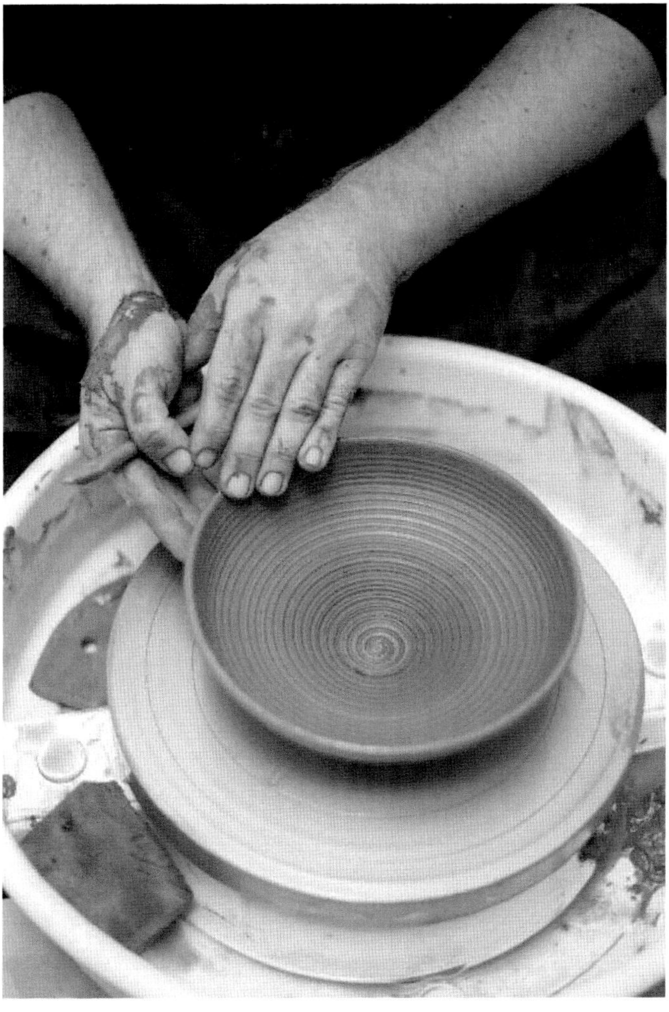

Die Müslischale wird ähnlich wie der Becher an der Drehscheibe gefertigt. Jedoch brauchen Sie für die notwendige Form ein wenig mehr Feingefühl, denn in die Breite zu gehen, ist etwas schwieriger als in die Höhe. Da Sie nun aber bereits Erfahrung an der Drehscheibe gesammelt haben, können Sie sich ja einmal daran versuchen und weiter üben!

Schale mit Wellenmuster drehen

Ein leichtes Wellenmuster auf der Schale erreichen Sie ebenfalls mit einem simplen Handgriff auf der Drehscheibe – wenn Ihre Schale (oder welches Gefäß auch immer Sie fertigen) bereits in Form ist, nehmen Sie einen kleinen Holzspatel, am besten in einer Art Halbmondform, und setzen ihn bei langsamem Drehen kurz senkrecht an der Seite auf. Lösen Sie ihn sofort wieder und wiederholen Sie dies schnell, bis Sie einmal rundherum gewandert sind. Schon haben Sie ein schönes Muster gedreht. Passen Sie jedoch auf, dass Sie wirklich langsam genug drehen und nicht zu stark drücken. Fingerspitzengefühl ist hier gefragt. Es darf aber auch nicht zu langsam gedreht werden, da sonst keine schönen fließenden Wellen entstehen.

Teller auf der Drehscheibe

Auch einen Teller können Sie drehen – dies ist ebenfalls etwas schwieriger als der Becher, da der Teller ja sehr flach werden soll, es ist aber sehr gut, um Ihre Fertigkeiten an der Scheibe zu verbessern. Bringen Sie den Teller langsam beim Drehen immer weiter in die Tiefe und bilden Sie mit den Händen einen schönen Rand. Übung ist hier gefragt!

Zahnbürsten-Halter für das Badezimmer

Eine schöne Idee für das Badezimmer ist auch der Zahnbürsten-Halter für mehrere Zahnbürsten. Dazu formen Sie einfach einen Boden aus einer Platte und einen Boden, auf dem dieser brückenartige Boden angebracht wird. Der Bogen sollte breit genug sein, um Platz für Löcher zu bieten, in die Zahnbürsten und in der Mitte auch die Zahnpasta-Tube passen. Die Länge hängt ganz davon ab, wie viele Zahnbürsten es in Ihrem Haushalt gibt oder ob Sie auch Platz für eine Gästebürste einplanen möchten. Diese Löcher sollten Sie vor dem Ankleben auf dem Boden ausstechen. Die Kunst besteht danach darin, den Boden stabil zu halten – stützen Sie ihn z. B. mit Zeitungspapier oder Pappe.

Mosaik-Blumentöpfe

Ein kleines Kunstwerk am Ende – ein Blumentopf aus Mosaikscherben. Wie oft beim Brennen trotz aller Vorsicht etwas kaputt geht, haben Sie nun vielleicht schon bemerkt – ob man es mag oder nicht, Scherben gehören beim Töpfern manchmal dazu. Doch mit diesem Topf können Sie die Scherben ganz einfach weiterverarbeiten. Sie brauchen nur Spachtelmasse und Fugenmasse.

Zunächst fertigen Sie, wie oben einmal beschrieben, den Blumentopf an – ganz normal. Wenn dieser komplett fertig ist, besorgen Sie sich Spachtelmasse und kleben damit die Scherben an den Topf. Wenn Sie ein bestimmtes Bild vor Augen haben, empfiehlt es sich, die Scherben auf der Arbeitsfläche einmal probezulegen. Legen Sie Scherben möglichst dicht aneinander, um ein schönes Bild zu erhalten.

Danach können Sie mit angerührter Fugenmasse die Zwischenräume füllen. Lassen Sie die Masse wenige Minuten trocknen und nehmen Sie mit einem Schwamm ggf. überschüssige Masse herunter. Lassen Sie den Topf einen Tag trocknen und schon ist er fertig!

PROJEKTE MIT ALTERNATIVEN MATERIALIEN

Wenn Sie sich einmal abseits des Tons an anderen Modelliermassen versuchen möchten, haben wir hier die besten Übungen für Sie parat. Probieren Sie doch auch einmal etwas Neues aus und wagen Sie sich an eines der nachfolgenden Projekte.

Projekte mit Soft-Ton

Soft-Ton kann im Prinzip für fast alles verwendet werden, was Sie auch aus normalem Ton herstellen – nur für draußen eignet er sich eher nicht, da er nicht wetterfest ist. Gerade für schöne Figuren, wo man viel kneten muss, ist dieser Ton jedoch besonders gut geeignet. Probieren Sie ruhig auch weitere Ideen aus. Alles, was drinnen Deko sein soll, geht!

Projekte mit Modelliermassen für Kinder

Es gibt auch sehr einfach zu verarbeitende Modelliermassen, die gerade für Kinder besonders geeignet sind. Bilden Sie damit z. B. lustige Tierfiguren und Zahnputzhalter! Auch für diese Massen gilt meistens jedoch, dass Sie nicht wetterfest sind, sodass Sie lieber nichts draußen stehen lassen sollten.

Projekte mit Gießton

Dass man auch speziellen Ton zum Gießen bekommen kann, haben wir oben bereits erläutert – eine schöne Idee für diesen Ton ist z. B., eine Schmuckhand herzustellen. Übrigens würde dies und alles andere, was mit Gießton gegossen wird, in der Regel auch aus Gips machbar sein.

Sie brauchen dazu nur einen stabilen Gummihandschuh und ein Gefäß, in dem der Handschuh hängen kann. Rühren Sie den Ton an und hängen Sie den Handschuh kopfüber in das Gefäß, sodass die Finger den Boden nicht berühren. Füllen Sie ihn mit der Masse und lassen Sie alles über Nacht trocknen. Es empfiehlt sich, zuvor mit einem Holzstab noch einmal in der Handschuhform zu rühren (bis in jeden einzelnen Finger), damit eventuell entstandenen Luftbläschen gelöst werden. Der Handschuh sollte auch nicht zu dick befüllt werden.

Am nächsten Tag kann der Handschuh aufgeschnitten werden und die Form wird entnommen. Lassen Sie die Hand bis zu einer Woche trocknen und schleifen Sie den Boden gerade.

Natürlich gibt es noch viel mehr Ideen, doch Sie können auch stets selbst kreativ werden und sich eigenen Projekte ausdenken – das ist schließlich der größte Spaß bei jedem Handwerk!

Tonbearbeitung – unendliche Kreativität

Wenn Sie nun Ihre ersten Projekte durchgeführt und die ersten Gegenstände erfolgreich getöpfert haben, möchten Sie diese wahrscheinlich auch noch kreativ nachbearbeiten. Und beim Töpfern kann man wirklich sehr kreativ werden und sich gestalterisch austoben! Sie können Ihre Werke entweder bereits im feuchten Zustand bearbeiten, wie schon öfter beschrieben, oder aber im Nachhinein. Hier also noch einmal alles auf den Punkt gebracht!

GRUNDANLEITUNG FÜR DAS GLASIEREN

Zur Oberflächenbehandlung wird beim Töpfern meistens eine Glasur verwendet. Die Glasur ist eine wasserdichte, beinahe glasartige Schicht, die die Oberfläche des Keramikproduktes nicht nur veredelt, sondern auch wasserundurchlässig und hart und stabil macht. Gerade in früheren Zeiten nutzte man Glasuren vorwiegend, um wasserfeste Gefäße herzustellen, von denen man essen und trinken konnte. Ohne die Glasur sind Tonwaren leider häufig ein wenig porös und wasserunfest. Bei höheren Brenntemperaturen wird der Ton zwar auch so wasserdicht, dennoch sind die Oberflächen manchmal rauer und behalten die natürliche Tonfarbe. Glasuren dienen daher auch heute dazu, dass die Oberflächen angenehm glatt und schließend sind und die Gegenstände schöne und vielfältige Farben erhalten.

Bei Glasuren unterscheidet man zwischen Pulverglasuren und Flüssigglasuren.

Eine Pulverglasur ist, wie der Name schon sagt, genau genommen nur das Pulver zum Anrühren der Glasur. Dazu müssen Sie nach und nach so viel Wasser zugeben, dass eine dickflüssige Konsistenz entsteht. Das kann ein wenig dauern, da man sehr vorsichtig und langsam arbeiten sollte. Die flüssige Glasur sollte ruhig noch ein wenig quellen und dann noch einmal umgerührt werden, ggf. unter Zugabe von mehr Wasser. Es ist etwas Fingerspitzengefühl gefragt. Zum Umrühren können Sie jedoch einfach einen alten Kochlöffel nutzen. Aufpassen sollten Sie aber bei der Staubbildung – da es sich um trockenes Pulver handelt, ist es beinahe unvermeidbar, dass sich Staub bildet. Einen leichten Atemschutz beim Anrühren zu tragen, ist daher absolut empfehlenswert. Die Vorteile der Pulverglasuren sind jedoch, dass sie etwas günstiger sind und man besonders große Mengen bekommt. Für Geübte sind sie daher definitiv einen Versuch wert.

Flüssigglasuren sind bereits fertig angemischt, das bedeutet, man braucht sie nicht erst anrühren und kann direkt mit dem Glasieren beginnen. Solche Glasuren können einfach mit dem Pinsel aufgetragen oder aber mit ein wenig Wasser verdünnt werden, um sie dann direkt über den getöpferten Gegenstand zu gießen. Flüssigglasuren sind gerade für Anfänger besonders gut geeignet, denn sie sind einfach zu handhaben, es gibt keine Staubentwicklung und selbst, wenn man sie lange stehen lässt, weil man noch nicht so regelmäßig arbeitet, kann man die Glasur immer wieder aufrühren. Dazu muss man später nur ein klein wenig Wasser zugeben, wenn die Glasur zu sehr angetrocknet ist. Man hat also wenig Arbeit mit diesen Glasuren, erzielt jedoch meist sehr schöne und farbechte Ergebnisse. Nur ein klein wenig teurer als Pulverglasuren sind sie meistens.

Tragen Sie stets nach und nach mehrere Schichten der Glasur auf und vergessen Sie den Glasurbrand im Anschluss nicht! Durchsichtige bzw. klare Glasuren bringen übrigens die natürlichen Farben des Tones hervorragend heraus!

STEMPELTECHNIKEN

Auch Stempel können den Ton schön gestalten – wie bei den Anleitungen bereits mehrfach erwähnt. Sie können mit Stempeln bereits Muster in den feuchten Ton bringen oder aber Sie stempeln mit Farbe später den fertig gebrannten Ton. Dafür eignet sich Acrylfarbe. Besonders gut kommen Stempel aber zur Geltung, wenn Sie in den feuchten Ton gestempelt werden, da sie dann nicht nur ein farbiges Motiv, sondern auch Struktur bringen.

RITZTECHNIKEN

Eine weitere Form, kreativ bei der Behandlung der Töpferware zu werden, ist die Ritztechnik. Mit einem Zahnstocher etwa können Sie so ziemlich alles einritzen, was Ihnen in den Sinn kommt – ob Namen, Schriftzüge, Muster oder was es sonst noch an Möglichkeiten gibt!

APPLIKATIONEN

Sicherlich haben Sie auch schon einmal Töpferprodukte gesehen, die mit Applikationen Ihr äußeres Erscheinungsbild erhalten haben. Auch dies ist definitiv eine schöne Möglichkeit, ein wenig Kreativität spielen zu lassen. Stechen Sie kleine Formen oder Buchstaben aus und kleben Sie diese an den noch feuchten Ton, damit sie schön fest bleiben. Das geht im Nachhinein nicht mehr, daher müssen Sie wie beim Ritzen auch hier bereits vor dem Trocknen arbeiten.

MALTECHNIKEN

Sie haben noch nicht genug Auswahl? Auch das schlichte Bemalen kann Ihre Töpfergegenstände verschönern! Erfahren Sie daher hier mehr über Maltechniken zum Behandeln der Tonprodukte und probieren Sie doch auch diese Techniken an ein paar Ihrer neuen Werke aus.

Zum Bemalen der Tonware eignet sich Acrylfarbe gut. Diese erhalten Sie in jedem Bastelladen.

PURISTISCHES & MODERNES VERZIEREN

Darf es ein wenig puristisch und moderner sein? Kein Problem – der Kreativität sind schließlich keine Grenzen gesetzt! Wie wäre es z. B. mit einer Blattgoldverzierung? Diese können Sie leicht anbringen – am besten jedoch eignet sich dafür lufttrocknender Ton, der nicht gebrannt werden muss. Auf das getrocknete Werk kann dann mit sogenannter *Anlegemilch* das Blattgold mit einem Pinsel angeklebt werden. Seien Sie dabei vorsichtig, denn Blattgold ist wirklich hauchdünn.

Es muss zuerst etwas Anlegemilch auf das Werk angebracht werden und nach ca. 15-20 Min. Antrocknen wird dann mit mehr Anlegemilch das Blattgold angeklebt. Dazu einfach das Blattgold andrücken und mit dem Pinsel Anlegemilch darüber verteilen. Das Ganze muss dann am Ende komplett trocknen. Auch Lackierungen sind schöne moderne Ideen – Lacke gibt es sogar in Sprühformen!

Letztlich ist alles erlaubt, was Ihnen einfällt!

Meister-Tipps

In diesem Kapitel finden Sie ein paar großartige Tipps für Töpfer-Meister und solche, die es werden wollen! Befolgen Sie diese Tipps und Tricks und Ihnen steht nichts mehr im Weg, was Sie vom Töpfern abbringen könnte.

ERLAUBEN SIE SICH KLEINE SCHRITTE

Fangen Sie nicht direkt mit den größten Werken und schnellem Drehen an – erlauben Sie sich kleine Schritte, um langsam besser zu werden. Nur so erzielen Sie echte Erfolge und haben langfristig Spaß am Töpfern!

ORDENTLICHEN SCHLICKER HERSTELLEN

Schlicker sollte stets dickflüssig sein – etwa so wie Schlagsahne. Prima herstellen lässt dieser sich auch aus angetrockneten Tonresten, die Sie nicht mehr verwenden können. Begießen Sie ihn mit Wasser, als wollten Sie ihn wieder befeuchten, aber begießen Sie ihn mit mehr Wasser, sodass eine dickflüssige Masse entsteht, wenn Sie nach dem Aufsaug-Zeitraum durchrühren. Guter Schlicker macht sich beim Kleben bezahlt!

STÜTZEN SIE DIE ARME BEIM DREHEN

Wenn Sie beim Drehen noch Schwierigkeiten haben, sorgen Sie dafür, dass Ihre Arme immer gut gestützt sind – das sorgt für sicheren Halt und besseres Drehen!

WARTEN SIE, BEVOR SIE TON SCHNEIDEN

Bevor Sie jeglichen Ton schneiden, können Sie ihn immer ein wenig trocknen lassen, sofern das Werk so gut wie fertig ist und nicht mehr groß geknetet oder gedreht werden muss – so auch, bevor Sie die feuchten Werkstücke von der Töpferscheibe nehmen. Schon wenige Stunden reichen, um den Ton fester werden zu lassen, sodass er beim Abnehmen nicht sofort weich in sich zusammenfällt.

MOTIVATION

Das Allerwichtigste zum Schluss dieses Kapitels – die Motivation! Damit machen Sie auch noch nicht vorhandene Praxiserfahrung schnell wieder wett. Lassen Sie sich niemals entmutigen, auch wenn einige Dinge eine Weile brauchen, bis sie gelingen – bedenken Sie, auch wenn Töpfern kein besonders riskantes oder körperlich anstrengendes Hobby ist, kann es manchmal knifflig sein und eine Menge Geduld erfordern. Gerade wenn Sie das erste Mal an der Drehscheibe arbeiten, kann dies mehrere Versuche benötigen, bis es klappt. Aber das ist ganz normal und solange Sie die Motivation nicht verlieren, werden Sie lange Freude an diesem kreativen Hobby haben!

Bonusteil: Das erste eigene Töpferatelier

Sie haben nun ein wenig Übung in der Theorie oder vielleicht sogar schon die Praxisprojekte ausprobiert und sind sich sicher – Töpfern ist das neue Lieblingshobby!? Sie möchten unbedingt Ihr eigenes kleines Töpferatelier haben? Kein Problem – Wir geben Ihnen hier die wichtigsten Hinweise und Informationen sowie absolute Super-Tipps für Ihr erstes eigenes Töpferatelier! Jeder Künstler träumt schließlich davon, ab einem bestimmten Punkt sein eigenes Atelier zu haben – einen Platz, an dem man ungestört kreativ werden kann und mit sich und seinen Werken in Ruhe ist.

DER GEEIGNETE RAUM

Die erste Vorüberlegung, die Sie also anstellen sollten, ist, ob Sie bereits einen Raum parat haben, der sich als Atelier eignet, oder ob Sie vielleicht sogar einen anmieten möchten. Letzteres ist natürlich die etwas kostspieligere Variante, kann sich aber womöglich lohnen, wenn Sie entscheiden, dass Töpferei etwas Längerfristiges und vielleicht sogar halbwegs Professionelles werden soll.

Falls Sie jedoch auch in Ihrem Eigenheim bereits einen Raum haben, der sich anbieten könnte, können Sie natürlich diesen ausbauen. Der Vorteil ist, dass Sie einerseits keine zusätzlichen Mietkosten haben und andererseits, dass Sie immer in der Nähe Ihrer Kunstwerke sind. Wichtig ist, dass Sie einen Raum wählen, der ausreichend Platz bietet, einen Boden besitzt, der leicht zu reinigen und möglichst rutschfest ist sowie ausreichend Luft bekommt, damit ein Brennofen dort Platz finden kann – es sei denn natürlich, Sie wollen trotz Atelier auf den Brennofen verzichten oder draußen einen aufstellen. Für den Brennofen sollte der Raum also am besten ausreichend Fenster besitzen und es sollte kühl genug sein, damit sich der Raum nicht unnötig aufheizt. Wenn der Raum feste Wände hat, die nicht brennbar sind, ist dies umso besser. Ansonsten gilt es natürlich, die bereits beschriebenen Sicherheitshinweise und Vorschriften zu beachten (sprich: geeignete Unterlage und Sicherheitsabstände). Der Boden sollte möglichst rutschfest sein, um das Verletzungsrisiko zu minimieren, und am besten ist er auch leicht zu reinigen, da er bei der Arbeit mit Ton leicht nass und dreckig werden kann. Es sollte jedenfalls definitiv kein Teppich sein.

WEITERE ÜBERLEGUNGEN

Weiterhin müssen Sie überlegen, welche Renovierungsarbeiten und Anschaffungen womöglich noch notwendig sind.

Wie bereits erwähnt, sollte der Raum möglichst brennfeste Wände haben, also keine dünnen Tapetenwände. Außerdem sollten Sie überlegen, was alles in dem Atelier stattfinden soll – der ganze Vorgang von den ersten Arbeitsschritten bis zum letzten Brand? Dann eignet sich ein kühler Raum besonders gut, indem die Luftfeuchtigkeit und Temperatur möglichst stabil bleiben. Vielleicht möchten Sie ja Ihren Keller ausbauen? Solche Räume eignen sich sehr gut, sofern sie noch gut belüftet werden. Solange Sie also ausreichend große und genügend Fenster haben, ist dies keine schlechte Wahl.

Sie sollten auch die Stromkosten kalkulieren – lohnt es sich vielleicht sogar, den Anbieter zu wechseln? Wie halten Sie die Kosten besonders niedrig?

Natürlich brauchen Sie ausreichend Platz für alle Materialien. Beachten Sie auch, dass Sie hin und wieder schwere Ware in den Raum bringen müssen – eine steile Treppe oder Leiter eignet sich daher als Eingang eher nicht.

Und schließlich und letztlich sollten Sie eine Gesamtkostenkalkulation aufstellen – vergessen Sie dabei nicht, Regale für Ihre Werke einzuplanen und ggf. eine gut aussehende Ausstattung – Sie wollen den Aufenthalt in Ihrem Atelier schließlich genießen! Holen Sie sich Tipps bei anderen Keramikern ein – man kann Ihnen dort sicherlich viele Fragen beantworten!

Schluss

Sie haben nun eine Menge Theorieerfahrung gesammelt und allerlei Hintergrundwissen bekommen. Und womöglich haben Sie sogar schon das ein oder andere Probestück gefertigt, ein wenig an der Drehscheibe geübt und was es sonst noch so auszutesten gab. Herzlichen Glückwunsch zu all dem!

Auch wissen Sie bereits einiges über die Geschichte der Töpferei und wie sich dieses schöne Handwerk über die Jahre entwickelt und verändert hat – und natürlich auch, wieso es nie ganz aus der Mode gekommen und auch heute noch ein schönes und beliebtes Hobby für Jung und Alt ist! Sie kennen nun verschiedene Techniken und Methoden – wenn Sie noch nicht viel herumprobiert haben, empfiehlt es sich natürlich noch, diese anzuwenden! Beginnen Sie mit den einfachen Anfängerübungen und wagen Sie sich nach und nach zu den kniffligeren Stücken vor. Und keine Sorge, wenn Sie anfangs eine Weile bei niedriger Geschwindigkeit drehen und verhältnismäßig simple Werke anfertigen – selbst, wenn Sie sich noch gar nicht an das Drehen trauen, ist das kein Problem! Sie können wunderschöne Werke auch ohne Drehen fertigen. Und Übung macht beim Töpfern ganz sicher den Meister!

Anfangs werden Sie vielleicht sogar noch mit Soft-Ton experimentieren, da Sie noch nicht brennen können oder möchten – und auch dadurch werden bestimmt schöne Gegenstände zustande kommen. Und wenn Sie erst einmal wissen, wie es geht, wie Sie die Luft sorgsam aus dem Ton kneten, wie Sie Tonstücke miteinander verbinden usw., dann werden Sie sich auch entspannt an neue Herausforderungen wagen können und wollen! Das Schöne beim Töpfern ist ja schließlich, dass Sie auch mit wenig Handgriffen wundervolle Dinge erschaffen können! Außerdem gibt es bei der Nachbearbeitung von Ton so viele fantastische Wege, Ihre Kreativität anzuwenden. Vielleicht möchten Sie ja doch zunächst auch mit einem Töpferkurs beginnen? Dort erlangen Sie nicht nur mehr Praxiserfahrung, sondern Sie finden auch Gleichgesinnte, mit denen Sie Ihre ersten Erfahrungen sammeln und austauschen können. Sie können dann neue Tricks und von erfahrenen Hobbytöpfern auch noch den Umgang mit verschiedenen Werkzeugen lernen. Oder Sie motivieren einen Freund oder eine Freundin dazu, mit Ihnen zu starten – gemeinsames Lernen motiviert schließlich umso mehr und gemeinsame Hobbys schweißen auch zusammen!

Alles in allem werden Sie sicherlich ganz bestimmt auch zuhause Ihr Vergnügen an der Töpferscheibe erfahren! Und das sicherlich für viele Jahre – denn stellen sich erst einmal die ersten Erfolgserlebnisse ein, dann wird das Töpfern wohl kaum wieder in Vergessenheit für Sie geraten! Schließlich ist es so einfach, damit zahlreiche und wunderschöne Gegenstände für Ihren Haushalt zu schaffen oder damit eine Freude für Ihre Liebsten zu gestalten.

Damit bleibt uns nicht mehr viel zu sagen – außer natürlich: Viel Erfolg mit Ihrem neuen Hobby! Bleiben Sie dran und erfreuen Sie sich und Ihre Liebsten mit ganz persönlicher Handwerkskunst! Viel Spaß!